Entendiendo el Mensaje de 1888

INTRODUCCIÓN

AL MENSAJE DE

1888

Edición Original

Robert J. Wieland

Copyright ©2023

LS COMPANY

ISBN: 978-1-0881-9419-5

Contenido

Sobre el autor y sobre el libro 5

Prefacio 7

Al lector 9

Capítulo 1—¡Tiene que haber una explicación! 13

Capítulo 2—El Seguro Derramamiento del Espíritu Santo 20

Capítulo 3—Cristo, el centro del mensaje de 1888 33

Capítulo 4—Cristo, Tentado Como Nosotros 38

Capítulo 5—E. White apoya el mensaje de Waggoner y Jones 48

Capítulo 6—La Suerte de los Mensajeros no Invalida el Mensaje 60

Capítulo 7—La justificación por la fe, en el mensaje de 1888 67

Capítulo 8—¿Se puede vivir sin pecar? 85

Capítulo 9—¿Por qué es fácil salvarse y difícil perderse? 108

Capítulo 10—La purificación del santuario y el mensaje de 1888 ..126

Guía abreviada del mensaje Importancia de su comprensión 143

Sobre el autor y sobre el libro

En la Asamblea de la Asociación General Adventista que tuvo lugar en 1888, en Minneapolis (Minessota), los pastores A.T. Jones y E.J. Waggoner presentaron un mensaje de justificación por la fe que resultó ser causa de notable controversia. El mensaje no fue bienvenido por muchos de los delegados.

Sin embargo, E. White se refirió a él como "un muy precioso mensaje... que debe ser proclamado en alta voz, y asistido por el derramamiento en gran medida del Espíritu Santo".

Durante décadas, el mensaje de 1888 ha fascinado a muchos adventistas, y sin embargo, para la mayoría de ellos, la comprensión del mismo ha estado envuelta en el más profundo misterio, cuando no desconocimiento. El pastor Robert J. Wieland, quien ha estudiado el mensaje por más de 55 años, introduce al lector en su contenido. Ésta obra está cuidadosamente documentada para el investigador. Sin embargo, está escrita en un estilo perfectamente comprensible para el laico. Estos son algunos de los temas tratados: "La comprensión de la justificación por la fe de los mensajeros de 1888", "¿Es posible vivir sin pecar?", y "¿Por qué es más fácil salvarse que perderse?, ¿o bien es cierto lo contrario?".

Robert J. Wieland ha servido a la Iglesia como pastor, durante más de cincuenta años. Desde 1945 hasta 1965 trabajó como misionero en Kenya y Uganda. Posteriormente como pastor en la Asociación del Sudeste de California, y en 1979 regresó al África para servir como consultor editorial. Actualmente forma parte del "Comité para el estudio del mensaje de 1888". Es autor de numerosos libros, entre ellos: "In Search of the Cross", "The Backward Prayer", "For a Better Africa", "The Knocking at the Door", "Lightened With His Glory", "Grace on Trial", "Corporate Repentance: Plea of the True Witness", "1888 Re-examined" "Powerful Good News" y "The Gospel in Revelation".

Este libro se publicó primeramente en 1980, por lo tanto se puede considerar como el primer libro escrito sobre "1888" –con excepción de '1888 RE-EXAMINED' (Wieland-Short, compilado en 1950, publicado en 1987)-

Fue Southern Publishing Association quien lo publicó en el idioma original, bajo el título: The 1888 Message. An Introduction. Durante quince años -desde 1981 hasta 1996- ha sido publicado y distribuido por Review and Herald. En 1997 fue traducido al castellano, e impreso por Pacific Press. Actualmente es posible encontrarlo en las librerías de iglesia en ambos idiomas.

Prefacio

En "Introducción al mensaje de 1888", Robert J. Wieland aborda la historia del Adventismo del Séptimo Día, ahonda en verdades espirituales profundas y expone, en suma, la razón de la existencia de la iglesia. El libro responde a cuestiones que los creyentes sinceros se preguntan con creciente insistencia: ¿Por qué sigue transcurriendo el tiempo -y el pecado- década tras década, cuando podríamos estar ya en el Reino? ¿Qué ha obstaculizado la consumación de la obra del juicio y la purificación del santuario? ¿Por cuánto tiempo más hablaremos sobre la lluvia tardía antes de que tal bendición nos sea realmente concedida? ¿Llama Dios verdaderamente a la iglesia a una vida sin pecado?

El autor investiga y expone la evidencia, mostrando claramente cómo el Señor, en 1888, envió a los Adventistas del Séptimo Día un mensaje único y precioso más allá de cualquier valor terrenal. Fue un mensaje para preparar a sus hijos e hijas para la victoria en el conflicto final entre el bien y el mal, para prepararlos para la traslación. En este libro se evidencia la belleza, sencillez y veracidad del mensaje que ha de alumbrar a toda la tierra con su gloria.

El lector encontrará aquí las buenas nuevas, la esperanza y el ánimo que prepararán a la última generación para ser "santos" que "guardan los mandamientos de Dios, y la fe de Jesús" (Apoc. 14:12). El libro expone asimismo el supremo "oficio" de Cristo: ¡el de Salvador! Su gracia preservará a los mortales de responder a las presiones del pecado, tanto internas como externas. El autor demuestra que el mensaje de 1888 no fue, ni es, una simple "doctrina", sino más bien una experiencia viviente, con trascendencia vital en el mundo de iniquidad y corrupción de hoy.

El libro es fruto de muchos años de estudio, que tuvo su inicio hacia el final de la década de 1930. La investigación cristalizó posteriormente, constituyendo la base de un manuscrito no publicado, en 1950. Habiendo transcurrido todos estos años, se desvelan ahora el misterio, vaguedad, y en muchos casos, total ignorancia sobre aquella sesión de la Asociación General de 1888, y la iglesia entera tiene a su disposición las bendiciones contenidas en esta publicación. El mensaje está basado en la Biblia, la sabiduría e inspiración divinas de E. White, y el registro histórico impreso, así como manuscritos y cartas inéditas de los principales protagonistas de la época: A.T. Jones y E.J. Waggoner.

La obra está documentada pensando en el investigador riguroso, sin embargo atraerá, interesará y edificará igualmente al miembro inexperto. El contenido lleva a la conclusión de que el Adventismo tiene una contribución singular que hacer al mundo: una razón para su existencia que implica no ser meramente una iglesia más entre muchas otras. Teniendo en cuenta todo cuanto el Señor ha dicho a través de su mensajera, en relación con la gran bendición que comporta el mensaje de 1888, es evidente que la iglesia como un todo, incluyendo departamentos, personal, ministros y laicos, necesita grandemente las verdades espirituales resaltadas en este libro. Comprender esto, así como nuestra historia y sus implicaciones en la expiación final, es apreciar el verdadero significado del llamado de Dios al arrepentimiento que dirige a Laodicea.

Que Dios pueda valerse del mensaje contenido en este libro, a fin de que se pueda obtener la percepción espiritual necesaria para que de su fruto "el comienzo de la lluvia tardía y el fuerte pregón" de 1888. Entonces la iglesia reconocerá el plan divino y dará al mundo la luz que ha de iluminar toda la tierra con su gloria.

Diciembre, 1979   Donald K. Short

Al lector

Hay que definir lo que en este libro se entiende por "mensaje de 1888". Algunos lectores agradecerán sin duda una breve referencia a los acontecimientos que han venido a ser conocidos entre los adventistas como "1888".

En la sesión de la Asociación General que tuvo lugar en ese año en Minneapolis (Minnesota), dos hombres jóvenes (A.T. Jones y E.J. Waggoner) aportaron providencialmente a los delegados un mensaje de justificación por la fe, un mensaje que vino a resultar en una gran controversia. Para muchos de los delegados, especialmente los pastores de mayor edad y los dirigentes, el mensaje (y/o los mensajeros) no fueron bienvenidos.

Unos pocos se gozaron en el mensaje y lo aceptaron verdaderamente. La principal entre ellos fue E.G. White. Pero nadie pareció considerar el mensaje suficientemente importante como para registrarlo, con el fin de que otros pudieran conocerlo de primera mano.

Por lo tanto, no disponemos del mensaje de 1888 propiamente dicho, en las palabras exactas de los dos mensajeros de Minneapolis.

Pero eso no significa que debamos desesperar de conocer en qué consistía, o que el título de este libro sea una impropiedad. Ciertos hechos posibilitan la reconstrucción consistente y razonable de su contenido:

1. Conocemos lo que enseñó Waggoner en los meses inmediatamente anteriores a la Asamblea de 1888.

2. Conocemos igualmente su enseñanza en los meses inmediatamente posteriores.

3. Sabemos que Waggoner y Jones mantuvieron un acuerdo virtualmente perfecto en su comprensión de la justificación por la fe, tanto en Minneapolis como en la década siguiente a 1888. Hubo dos mensajeros, pero E. White habló repetidamente de lo que enseñaron, como un mensaje.

4. Las declaraciones de respaldo a ese mensaje por parte de E. White no se reducen a las presentaciones perdidas de Minneapolis. Ella continuó apoyando sus

subsiguientes presentaciones durante años después de la Asamblea de 1888: hasta 1896 e incluso después.

5. Podemos encontrar ayuda para reconstruir su mensaje observando la manera en que sus contemporáneos captaron las ideas esenciales, tanto en su aceptación como en su rechazo. Por ejemplo, W.W. Prescott y S.N. Haskel se encontraban entre los que respondieron favorablemente y comenzaron a hacerse eco de sus conceptos, en la medida en que comprendieron que eran bíblicos y contaban con el apoyo de E. White.

Naturalmente, no debemos deducir que existiera perfección o algún grado de infalibilidad en cuanto dijeron Jones y Waggoner. E. White no los identificó nunca como profetas, pero habló repetidamente de ellos en términos como: "los mensajeros del Señor", "los mensajeros delegados del Señor", "hombres señalados divinamente", "siervos de Dios... con un mensaje enviado del cielo", "hombres escogidos por Él", "hombres jóvenes [que Dios envió] para llevar un mensaje especial", "sus siervos escogidos", "a los cuales Dios está empleando", "el Señor [está] obrando a través de los hermanos Jones y Waggoner", "Él les ha dado preciosa luz", "si aceptáis el mensaje, aceptáis a Jesús", "mensajeros que Yo [el Señor] envié a Mi pueblo con luz, gracia y poder", "un mensaje de Dios; lleva las credenciales divinas". Las declaraciones de apoyo como las anteriores continuaron hasta 1896, y ocasionalmente después.

Por lo tanto, en este libro se entiende por mensaje de 1888, las ideas prominentes y esenciales enseñadas por Jones y Waggoner desde inmediatamente antes de la asamblea de 1888, hasta la década siguiente. Nuestro método será: (1) permanecer tan próximos a la fecha de 1888 como sea posible; (2) presentar lo que Jones y Waggoner enseñaron con insistencia o con gran énfasis; (3) presentar aquello en lo que ambos estuvieron manifiestamente en perfecto acuerdo; (4) limitar la exposición a sus enseñanzas para las que encontramos claro soporte de E. White (y por supuesto, bíblico). (5) prestar atención también a la forma en la que, al menos, "algunos" de sus contemporáneos creyentes recibieron y comprendieron lo esencial de su mensaje.

Cuando citemos ocasionalmente a Jones y Waggoner en años posteriores (por necesidad) será con cuidadoso escrutinio y selectividad para estar seguros de que las ideas presentadas están en armonía con su enseñanza temprana, y con los cinco principios antes mencionados. Si alguien objeta que las citas posteriores a 1888 no son el mensaje de 1888, la respuesta es que debe ser muy significativo el apoyo continuo dado al mensaje en su progresión, en los años sucesivos, por parte de E. White. El cuadro completo y equilibrado de lo que enseñaron en la década siguiente a Minneapolis debe constituir una comprensión fiel de cuanto estaba implícito en el mensaje dado en 1888. Es de esperar que guiados por el sentido común lleguemos a una clara representación del mismo.

Es imposible que E. White pudiera haber continuado sus repetidas y entusiastas manifestaciones de aprobación por tanto tiempo, en caso de haber tenido indicios, vislumbres o sospechas de que uno o ambos de los "mensajeros" se hubiera desviado de la verdadera fe. Ella era una profetisa inspirada, con discernimiento penetrante y santificado; su credibilidad como tal está entrelazada con el mensaje de Jones y Waggoner. La prueba última para la verdad es la propia Biblia. Quien escribe está persuadido de que ellos tomaron sus conceptos del estudio de primera mano de las Escrituras en la perspectiva del "conflicto de los siglos" propia del adventismo, así como de la peculiar noción adventista de la purificación del santuario y del mensaje de los tres ángeles. Lo mismo que todos nosotros, estaban en deuda con todos cuantos les precedieron, incluyendo a Lutero, Calvino y Wesley; pero presentaron su mensaje a partir de la Biblia sola. Concibieron la verdad de la justificación por la fe desde una perspectiva nueva y fresca, que es la de la comprensión escatológica inherente al movimiento adventista. En años recientes se está haciendo más y más evidente la base bíblica de sus conceptos esenciales; en diversos trabajos teológicos competentes de nuestros días se hace patente la consistencia de su interpretación bíblica. Por ejemplo, una tesis doctoral reciente en la Universidad de Londres aporta evidencias de que su noción sobre la naturaleza de Cristo fue mantenida por un número significativo de teólogos respetados y reformadores a lo largo de la era cristiana (Harry Johnson, The Humanity of the Savior, London: The Epworth Press, 1962).

Mi oración es que la respuesta del corazón del lector al mensaje, sea la que tuvo E. White cuando lo oyó personalmente por primera vez, en el congreso de Minneapolis: "cada fibra de mi corazón dijo Amén" (Manuscrito 5, 1889). ¡Esa fue también mi respuesta desde que lo oí por vez primera!

Capítulo 1—¡Tiene que haber una explicación!

"¿Qué ha fallado?", se pregunta el devoto judío ortodoxo, con angustia y perplejidad. Hasta el día de hoy, se siente sinceramente perplejo cuando medita absorto en las antiguas predicciones que hizo el Señor a Abraham, Isaac y Jacob. "¿Cuándo despertará el Dios de nuestros padres y cumplirá sus largamente esperadas promesas de enviar un Mesías a Israel? ¿Cuándo hará de Jerusalem el júbilo de toda la tierra? ¿O han sido acaso en vano nuestros grandes anhelos mesiánicos?"

Los judíos que tienen la fortuna de poder ir a los lugares santos de Jerusalem, se reúnen en el muro de las lamentaciones, en el ángulo sudoeste del antiguo enclave del templo. Allí se deshacen entonces en súplicas y lamentaciones al Dios de sus padres.

Nos gustaría darles un toque en el hombro y decirles: "Amigos, ¡podéis dejar de lamentaros! El Dios de Abraham, Isaac y Jacob no se ha dormido ni descuidado. Ha cumplido su promesa. ¡Envió fielmente al Mesías en Jesús de Nazaret! El único problema es que vuestros antecesores, no reconociéndole, lo crucificaron".

¿Podría ser que para los devotos adventistas hubiese también una versión propia del muro de las lamentaciones?

Pondérese la cantidad sin fin de llamados y apelaciones hechas a los fieles para orar, en las semanas de oración anuales, los sermones de las sesiones de reavivamiento, las asambleas de la Asociación General y las anuales, para que el Señor cumpla su promesa y abra las ventanas del cielo para derramar sobre su pueblo los aguaceros refrescantes de la lluvia tardía. Desde que E. White describió su visión del 14 de mayo de 1851, relativa al "refrigerio" de la "lluvia tardía" (Primeros Escritos, p. 71), el adventismo ha acariciado la esperanza de que algún día Dios pueda finalmente otorgar la bendición y llevar la obra mundial de testificación a un final triunfante.

La lluvia tardía consistiría en el don último del Espíritu Santo para madurar el grano del evangelio para la cosecha, de la misma forma que las lluvias que precedían a la cosecha en la antigua Palestina permitían el cumplimiento de los sueños de los agricultores. La lluvia tardía desembocaría en el fuerte pregón del mensaje del tercer ángel y la gloriosa iluminación de toda la tierra con su gloria. ¡Entonces podría venir el Señor con poder y gran gloria!

¿Por qué no han sido contestadas esas súplicas, pronunciadas durante más de un siglo? ¿Por qué sigue a cada convocación la sensación frustrante de no ver la lluvia tardía?

Esas son preguntas que se hacen las personas reflexivas, especialmente los jóvenes. ¿Por qué consagrarse a una vida de sacrificio si los anhelos escatológicos que albergaron los pioneros parecen tan remotos? Evidentemente, la segunda venida de Jesús no puede tener lugar hasta no producirse los eventos tan largamente esperados. Pero para muchos adventistas en muchos lugares, la segunda venida se desvanece en las sombras de la incertidumbre. Lo mismo que para los judíos devotos llorando por el regreso del Mesías, se trata de esperar contra toda esperanza que los pioneros no estuviesen después de todo equivocados. De hecho, el honor del Dios de los pioneros está en juego. ¿Es fiel? ¿Vive aún?

Seguramente, seres celestiales desean darnos un toque en el hombro y decirnos: "¡Cesad en vuestro lamento por las peticiones sin respuesta! Vuestras peticiones durante 130 años fueron ya contestadas. El Señor cumplió su promesa a los pioneros. Dios envió ya el principio de la lluvia tardía y el fuerte pregón. El único problema es que vuestros padres fallaron en reconocer el don celestial cuando éste fue otorgado, y lo rechazaron de la misma forma en que los judíos rechazaron al Mesías hace dos mil años".

Una noticia tal es tan sorprendente para la mayor parte de los adventistas hoy, como lo sería su homóloga para los judíos en el muro de las lamentaciones. Y sin embargo, es cierta.

En el Índice de los escritos de E. White (Vol. 2, p. 1581) se encuentra un tenue indicio de tan tremenda noticia, bajo el epígrafe "Fuerte pregón", de una forma que podríamos comparar al ligero temblor de tierra que en Qumran condujo al descubrimiento de la inmensa riqueza de los manuscritos de las cavernas ocultas. La entrada expresa llanamente: "El Fuerte pregón: comenzó ya en la revelación de la justicia de Cristo". Siguiendo el índice, vamos a la declaración que se cita:

"El tiempo de prueba está precisamente delante de nosotros, pues el fuerte pregón del tercer ángel ya ha comenzado en la revelación de la justicia de Cristo, el Redentor que perdona los pecados. Este es el comienzo de la luz del ángel cuya gloria llenará toda la tierra" (Mensajes Selectos, vol. I, p. 425).

Lo anterior no es simplemente una oscura declaración de cierta bendición temporal concedida en algún momento de nuestra historia pasada, sino la sorprendente afirmación de que las brillantes promesas escatológicas acariciadas por nuestros pioneros en el adventismo desde 1851, tuvieron su cumplimiento en algún momento; al menos el "comienzo" de ellas.

La declaración anterior está tomada de un artículo de Review and Herald fechado el 22 de noviembre de 1892. "La revelación de la justicia de Cristo" es una clara referencia al mensaje de 1888, por entonces en su cuarto año de desconcertante periplo por nuestra historia. Tras la debida reflexión, una animosa E. White estuvo dispuesta a calificar en ese momento el mensaje como "el principio" del derramamiento final del Espíritu Santo que iluminaría la tierra con la gloria del cuarto ángel de Apocalipsis 18.

Pero esa declaración suscita ciertos problemas incómodos. Si la mensajera inspirada tuvo el discernimiento para reconocer el significado del mensaje de 1888, ¿por qué ha pasado un siglo desde entonces? Apenas tres años antes de que empezase a oírse el mensaje de 1888, E. White había declarado que cuando la lluvia tardía y el fuerte pregón comenzasen finalmente, "la obra se extendería como fuego en el rastrojo". Realmente, "los movimientos finales serán rápidos" (Joyas de los Testimonios, vol. III, p. 280). Sin embargo, desde 1892, fecha en la que se hizo la declaración, ha habido un progreso dolorosamente lento. La gente está naciendo en el planeta tierra más rápidamente de lo que podemos alcanzarlos con el mensaje. Cada año que pasa nos deja con una obra cada vez mayor de testificación por completar.

El orgullo denominacional se puede racionalizar olvidando despreocupadamente el asunto, mediante predicamentos de gran progreso programático, pero la mayoría de los adventistas sinceros confesarán su seria convicción de que la tierra, sencillamente, no está todavía iluminada con la gloria del mensaje de ese "otro ángel".

¿Qué ha fallado?

Cuatro años después de la declaración de 1892, E. White señaló con franqueza lo que había ocurrido. Se cerraba una era de brillante esperanza por una razón muy concreta:

"La falta de voluntad para renunciar a opiniones preconcebidas y aceptar esta verdad fue la principal base de la oposición manifestada en Minneapolis contra el mensaje del Señor expuesto por los hermanos [E.J.] Waggoner y [A.T.] Jones.

Suscitando esa oposición, Satanás tuvo éxito en impedir que fluyera hacia nuestros hermanos, en gran medida, el poder especial del Espíritu Santo que Dios anhelaba impartirles. El enemigo les impidió que obtuvieran esa eficiencia que pudiera haber sido suya para llevar la verdad al mundo, tal como los apóstoles la proclamaron después del día de Pentecostés. Fue resistida la luz que ha de alumbrar toda la tierra con su gloria, y en gran medida ha sido mantenida lejos del mundo por el proceder de nuestros propios hermanos" (Mensajes Selectos, vol. I, p. 276).

Analicemos esta declaración, hecha en 1896:

- "El poder especial del Espíritu Santo" que Dios anhelaba impartir a nuestros hermanos en 1888 tenía un alcance verdaderamente pentecostal.

- El mensaje habría proporcionado "eficiencia" en llevar las verdades adventistas "al mundo", obviamente incluyendo las regiones musulmanas, budistas, hindúes y paganas. Habría permitido a la inexperta Iglesia Adventista, flaca en número y en recursos materiales, conocer la clase de éxito que disfrutaron los primeros apóstoles, "vencedor, para seguir venciendo" (Apoc. 6:2). Es evidente que había poder en el mensaje mismo.

- La luz aportada por A.T. Jones y E.J. Waggoner fue un cumplimiento de la profecía del comienzo de la venida del poderoso cuarto ángel de Apocalipsis 18, gracias a cuya luz "la tierra [debía ser] alumbrada con su gloria". Aquí radica el origen bíblico del término "fuerte pregón" o "fuerte clamor" (Apoc. 18:1 y 14:9).

- "Satanás tuvo éxito" "en gran medida" en evitar que la luz fuese recibida por nuestros hermanos, manteniéndola así alejada del mundo. Ese simple hecho explica el siglo de esterilidad espiritual que ha sobrevenido a nuestra obra mundial misionera, incluyendo la pérdida de nuestra obra en China y la impotencia y frustración espiritual en muchas otras áreas. Si la lluvia tardía es refrigerio espiritual, ¡su ausencia debe significar sequía espiritual!

- Los agentes que Satanás empleó para llevar a cabo su propósito fueron "nuestros propios hermanos", cuyo "proceder" consistió en la resistencia y el rechazo. Debe reconocerse en justicia que "nuestros propios hermanos" se refería primariamente a los líderes de la Asociación local y general del momento, actuando en beneficio de la iglesia tal como hicieron los líderes judíos -en beneficio de su nación- al rechazar el tan esperado Mesías.

- "Qué hacer con esas inquietantes realidades", ha sido el tema de décadas de perplejidad. Anular la evidencia o evadir la verdad obvia no es la forma de encontrar la solución a nuestras dificultades. No satisfará jamás a las mentes sinceras.

- Los judíos han tenido un problema similar desde hace siglos, intentando explicar a sus hijos por qué no ha aparecido el esperado Mesías. Ciertamente embarazoso. Cuando Joseph Wolff pidió insistentemente a su padre que le explicara quién era el Siervo Sufriente de Isaías 53, sino Cristo, su padre le prohibió terminantemente formular nunca más esa pregunta. ¡El único proceder seguro para nosotros, es recibir con agrado la plena exposición de la verdad! La iglesia no estará nunca motivada a terminar la obra mundial del evangelio hasta que tenga una comprensión exacta de por qué la venida del Señor ha sido diferida por tan largo tiempo, y renueve la confianza escatológica de los pioneros.

Seguramente se puede confeccionar una larga lista de razones para la demora [1]. Pero la solución directa a todas ellas iba a ser provista en el derramamiento verdaderamente pentecostal del Espíritu Santo en la lluvia tardía de 1888. Por lo tanto, el rechazo de esa solución inspirada para nuestros numerosos problemas constituye la causa básica del prolongado retraso, de igual modo que el problema básico que ha afligido a los judíos en los pasados dos mil años es su rechazo al Mesías. "1888" merece la atención especial de esta generación..

La comparación de nuestro rechazo de la luz en 1888, con el rechazo de Cristo por parte de los judíos, no es una comparación forzada. Desde el tiempo de la asamblea de 1888, y también en los años que siguieron, E. White se mostró persuadida de que estábamos repitiendo la tragedia de la incredulidad de los antiguos judíos:

"Cuando repaso la historia de la nación judía y veo la forma en que tropezaron por no andar en la luz, he venido a comprender dónde podemos ser llevados como pueblo si rechazáramos la luz que Dios nos da. Tenéis ojos y no veis, oídos y no oís. Ahora, hermanos, se nos ha enviado luz, y queremos estar donde podamos aferrarnos a ella... Veo vuestro peligro y os quiero prevenir...

Si los ministros no reciben la luz [dada en la misma asamblea de 1888] , quiero dar al pueblo una oportunidad; quizá ellos puedan recibirla... Como la nación judía..." (Manuscrito 9, 1888; sermón dado el 24 de octubre de 1888; A.V. Olson, Through Crisis to Victory, p. 292).

Ocho días más tarde, repitió:

"Cuando los judíos dieron el primer paso en el rechazo de Cristo, dieron un paso peligroso. Cuando posteriormente se acumuló la evidencia de que Jesús de Nazaret era el Mesías, tuvieron demasiado orgullo como para reconocer que habían errado.

...Ellos [los hermanos], lo mismo que los judíos, daban por sentado que poseían toda la verdad, y sentían cierta animadversión hacia quien pudiera suponer que tenía ideas más correctas que ellos mismos en cuanto a la verdad. Decidieron que toda la evidencia acumulada no tendría para ellos más peso que la paja, y enseñaron a otros que la doctrina no era verdadera, y más tarde, cuando vieron la luz, estaban tan abocados a condenar, tenían demasiado orgullo como para decir "me equivoqué"; acarician todavía la duda e incredulidad, y son demasiado orgullosos como para reconocer que sus convicciones...

No es conveniente para uno de estos hombres jóvenes [Jones o Waggoner] el entregarse a una decisión en este encuentro, donde la oposición, más que la investigación, está a la orden del día" (Manuscrito 95, 1888; sermón del 1 de noviembre de 1888; Olson, Through Crisis to Victory, p. 300 y 301).

En 1890, E. White llama la atención del pueblo al tema de "como los judíos":

"Aquellos a quienes Cristo ha dotado de gran luz, a quienes Dios ha rodeado de preciosas oportunidades, están en peligro, si no andan en su luz, de llenarse de opiniones orgullosas y exaltación propia como lo fueron los judíos" (Review and Herald, 4 de febrero de 1890).

"Que no se nos encuentre entregados a subterfugios y a la colocación de perchas donde colgar las dudas en cuanto a la luz que Dios nos ha enviado. Cuando se lleva a vuestra atención un punto de doctrina que no comprendéis, poneos de rodillas, para que podáis comprender cuál es la verdad, y que no seáis hallados, como sucedió con los judíos, luchando contra Dios...

Durante cerca de dos años hemos alertado a la gente a venir y aceptar la luz y la verdad concerniente a la justicia de Cristo, y ésta no sabe qué hacer, si abrazar o no esa preciosa verdad" (Id, 11 de marzo de 1890).

"¿Por cuanto tiempo se mantendrán apartados del mensaje de Dios los que están a la cabeza de la obra?" (Id, 18 de marzo de 1890).

Si pudiéramos hacer algo por ayudar a los judíos en el muro de las lamentaciones, sería urgirles a estudiar de primera mano los registros existentes sobre Jesús de Nazaret, para que pudiesen ver en él el cumplimiento de las profecías que vanamente esperan en el futuro.

Sería igualmente sensato para nosotros que estudiásemos de primera mano el registro existente del propio mensaje de 1888, y permitiésemos que su gloriosa luz brillase en nuestros corazones hoy. El mensaje de 1888, tal como fue proclamado por los mensajeros originales enviados del cielo, abunda en conceptos que expanden la mente, y que son prácticamente desconocidos por la generación actual.

Una vez cumplido nuestro deber y habiendo comprendido bien cuál fue el principio de la lluvia tardía y el fuerte pregón, estaremos mejor preparados para comprender el presente, rechazar falsificaciones y engaños, y enfrentar el futuro con un mensaje restaurador para los hombres, que acelerará el retorno de nuestro Señor.

Ese es el propósito de este libro.

Nota:

L.E. Froom, en Movement of Destiny dedica dos extensos capítulos, el 1º y 2º, al tema de la "Demora de la segunda venida: motivos divinos desvelados" (p. 561-603). Su lectura lleva fácilmente a la confusión y el desánimo. La única solución simple a todos los problemas que han demorado el retorno de Cristo es la fe. Fe genuina, fe incondicional en Cristo. El mensaje de 1888 tenía por objeto remediar la falta de ella.

Capítulo 2—El Seguro Derramamiento del Espíritu Santo

Algunas veces, los alumnos en la escuela han de enfrentar el desafío de tener que estudiar para un examen final en el que todo se reduce a contestar una única pregunta. Pero ésta es tan abarcante y decisiva, que pone a prueba sus capacidades.

Podría muy bien ser que la prueba final para el pueblo de Dios consista en una sola cuestión: ¿Eres capaz de reconocer el derramamiento del Espíritu Santo? Es previsible que haya de verse confrontado a dos demostraciones paralelas: de un lado la auténtica, por parte del Espíritu Santo; y del otro, una extraordinariamente sutil pero falsa imitación. La cuestión única y crucial sería: Di cuál es cual.

Antes del principio del derramamiento de la lluvia tardía en 1888, E. White había declarado que deberíamos afrontar falsificaciones del Espíritu Santo, de carácter muy engañoso. Distinguir entre lo genuino y su falsificación puede determinar nuestro destino eterno:

"Antes que los juicios de Dios caigan finalmente sobre la tierra, habrá en el pueblo del Señor un avivamiento de la piedad primitiva cual no se ha visto nunca desde los tiempos apostólicos. El Espíritu y el poder de Dios serán derramados sobre sus hijos... El enemigo de las almas desea impedir esta obra, y antes que llegue el tiempo para que se produzca tal movimiento, tratará de evitarlo introduciendo una falsa imitación. Hará aparecer como que la bendición especial de Dios es derramada sobre las iglesias que pueda colocar bajo su poder seductor; allí se manifestará lo que se considerará como un gran interés por lo religioso. Multitudes se alegrarán de que Dios esté obrando maravillosamente en su favor, cuando, en realidad, la obra provendrá de otro espíritu" (El Conflicto de los Siglos, p. 517).

El título del capítulo en el que se encuentra esa declaración (el 28), reza en el original: "Reavivamientos modernos", y expone muchas de las ideas falsas que fueron populares entre los reavivadores de la última parte del siglo XIX. Ninguna falsificación puede engañar a quien posea una correcta comprensión de la "justificación por la fe". Pero en el siglo pasado había considerable confusión, y hoy hay incluso más. El subjetivismo de los movimientos "pentecostales" modernos tiene sus raíces en los reavivamientos anteriores a 1888, que se extendieron por las iglesias populares.

El movimiento pentecostal moderno ha hecho grandes esfuerzos para captar la Iglesia Adventista del Séptimo Día. Citaremos un ejemplo:

"En la iglesia cristiana sopla hoy una brisa refrescante, purificadora y vigorizante. Hasta cierto punto, toda denominación siente los efectos de esa brisa...

Ese reavivamiento o renovación carismática, como se la ha llamado, viene de Dios. Fue iniciada por Dios y es llevada adelante por él mismo. Se fortalece por el Espíritu Santo para gloria de Dios. Una vez más el Espíritu Santo se manifiesta a sí mismo con el mismo poder y dones que caracterizó a la era apostólica" (Full Gospel Business Men's Fellowship Voice, marzo, 1967).

Un miembro de la Iglesia Adventista cuenta su historia tal como aparece en la revista Insight:

"Durante dos años esperé esa... maravillosa experiencia del bautismo... y no la pude encontrar en mi propia iglesia... No estábamos deseando todo cuanto Dios tiene para ofrecernos, ¿comprende?... hablar en lenguas. Pero yo quería lo que Dios quería darme. Y lo buscaba. Dios me hizo derribar las barreras del denominacionalismo, y fui a otros lugares, y finalmente, el 29 de marzo de 1970, en Easter Sunday (Dominical del Este), Dios derramó en mí su Espíritu y me dio la maravillosa evidencia que había prometido -dando el Espíritu manifestación de ello- y habiéndome dado expresión el Espíritu, canté en el maravilloso lenguaje del cielo".

El autor del artículo en el que se cita esta declaración, continúa explicando las circunstancias... los adventistas estaban siendo "convertidos":

"Lo único de inusual en ese testimonio es que era dado por un adventista. Se encontraba en Riverside (California), en la primavera de 1972, en una reunión en esa ciudad, sede de Full Gospel Business Men's Fellowship International. La reunión comenzó alabando a Dios por las señales y maravillas. Concluyó con un plan para traer el bautismo del Espíritu Santo, don de lenguas incluido, a la Iglesia Adventista.

Los empresarios presentes ofrecieron 2.500 dólares para enviar la publicación de su organización -The Voice- a los pastores adventistas de todo el mundo. Es una publicación que abunda en milagros, informa de curaciones, lenguas desconocidas, revelaciones proféticas, todos esos fenómenos característicos del movimiento carismático" (Insight, 15 de mayo de 1973, p. 13 y 14).

Si ese "Espíritu Santo" era una falsificación, ¿dónde está el genuino? En alguna parte debe estar el genuino, ya que tenemos estas promesas divinas:

Y será en los postreros días, dice Dios, derramaré de mi Espíritu sobre toda carne, y vuestros hijos y vuestras hijas profetizarán, y vuestros mancebos verán visiones y vuestros viejos soñarán sueños. Y de cierto sobre mis siervos y sobre mis siervas en aquellos días derramaré de mi Espíritu y profetizarán. Y daré prodigios arriba en el cielo, y señales abajo en la tierra, sangre y fuego y vapor de humo: el sol se volverá en tinieblas, y la luna en sangre, antes que venga el día del Señor, grande y manifiesto; y será que todo aquel que invocare el nombre del Señor, será salvo (Hech. 2:17-21).

Y después de estas cosas vi otro ángel descender del cielo teniendo grande potencia; y la tierra fue alumbrada de su gloria. Y clamó con fortaleza en alta voz, diciendo: Caída es, caída es la grande Babilonia, y es hecha habitación de demonios, y guarida de todo espíritu inmundo, y albergue de todas aves sucias y aborrecibles. Porque todas las gentes han bebido del vino del furor de su fornicación; y los reyes de la tierra han fornicado con ella, y los mercaderes de la tierra se han enriquecido de la potencia de sus deleites. Y oí otra voz del cielo que decía: Salid de ella, pueblo mío, porque no seáis participantes de sus pecados, y que no recibáis de sus plagas (Apoc. 18:1-4).

Hace unos sesenta años, un presidente de la Asociación General reconoció el cumplimiento inicial de la profecía de ese "cuarto ángel" en el mensaje de 1888:

"En el año 1888 fue dado a la Iglesia Adventista del Séptimo Día un mensaje de despertar muy definido. En aquel tiempo se lo designó "el mensaje de la justicia por la fe". Ambos, el mensaje mismo y la forma en que fue dado, causaron una profunda y duradera impresión en las mentes de los pastores y el pueblo, y el transcurso del tiempo no ha podido borrar de la memoria esta impresión. Hasta hoy día, muchos de los que oyeron el mensaje desde el comienzo, están profundamente interesados y entregados a él. En el transcurso de estos largos años han mantenido la firme convicción, y han acariciado la alegre esperanza de que algún día ese mensaje pueda alcanzar entre nosotros una gran prominencia, y que obre en la iglesia la purificación y regeneración para los que creen que el Señor lo envió" (A.G. Daniells, Christ Our Righteousness, p. 23. Edición en castellano, p. 16 –Inter Euro Publishing–).

Daniells se vio constreñido a añadir: "El mensaje nunca fue aceptado ni anunciado, ni le fue dado libre curso en su debida forma para traer sobre la iglesia las bendiciones sin límite que están contenidas en él" (Id., p. 47 -33-). Las publicaciones denominacionales demuestran la veracidad de la anterior declaración. Con la excepción de los conceptos implícitos en los escritos del Espíritu de Profecía, la investigación indica que en las décadas anteriores y posteriores a 1926, el mensaje de 1888 había quedado tan perdido y enterrado, como Pompeya bajo las cenizas del viejo Vesubio. Podemos tener mucha de la así llamada justificación por la fe, pero es profundamente diferente de la luz que el Señor dio a este pueblo en el mensaje de 1888. Y no solamente el movimiento carismático ha hecho intentos por seducir a la iglesia remanente mediante un evangelio exageradamente subjetivo, sino que el extremo opuesto de un evangelio de tipo calvinista, puramente objetivo, ha tomado ventaja de nuestra amplia ignorancia en cuanto al contenido del mensaje de 1888.

E. White animó a la iglesia a creer que el verdadero derramamiento del Espíritu Santo venía con ese mensaje de 1888:

"En su gran misericordia el Señor envió un preciosísimo mensaje a su pueblo por medio de los pastores Waggoner y Jones. Este mensaje tenía que presentar en forma más destacada ante el mundo al sublime Salvador, el sacrificio por los pecados del mundo entero. Presentaba la justificación por la fe en el Garante; invitaba a la gente a recibir la justicia de Cristo, que se manifiesta en la obediencia a todos los mandamientos de Dios... Es el mensaje del tercer ángel, que ha de ser proclamado en alta voz y acompañado por el abundante derramamiento de su Espíritu" (1895, Testimonios para los Ministros, p. 91 y 92).

Entre los allegados a E. White, la convicción general era que la lluvia tardía había comenzado. He aquí un ejemplo (habla A.T. Jones):

"Hace poco recibí una carta del hermano [G.B.] Starr en Australia. Leeré dos o tres frases que vienen al dedillo en este punto de nuestro estudio: -La hermana White dice que estamos en la era de la lluvia tardía desde el encuentro de Minneapolis [en 1888]" (General Conference Bulletin, 1893, p. 377).

Dos años antes E.J. Waggoner había reconocido lo siguiente:

"Cuando tenemos una fe firme en que Cristo habita en nosotros, podemos ir a trabajar por otros con poder, y unificar nuestras voces con las de los ángeles del cielo, y entonces el mensaje se abrirá paso con fuerte clamor... Esta noche me gozo en la convicción de que el fuerte clamor está comenzando" (Id., 1891, p. 245 y 246).

Aquí se reproduce el registro de la confesión hecha por la congregación reunida en la Asamblea de la Asociación General de 1893. A.T. Jones pregunta, y la congregación responde:

"Ahora hermanos, ¿cuándo comenzamos como pueblo con el mensaje de la justicia de Cristo? [Uno o dos en el auditorio: 'Hace tres o cuatro años'. ¿Cuántos?, ¿tres?, ¿o cuatro? [Congregación: 'Cuatro'] Si; cuatro. ¿Dónde fue? [Congregación: 'En Minneapolis'] ¿Qué rechazaron pues los hermanos en Minneapolis? [Algunos de la congregación: 'El fuerte pregón'] ¿Qué es ese mensaje de justicia? El Testimonio nos ha dicho lo que es; el fuerte pregón -la lluvia tardía. Entonces, los hermanos que adoptaron esa postura tremenda en Minneapolis, ¿qué rechazaron? Rechazaron la lluvia tardía, el fuerte pregón del mensaje del tercer ángel" (Id, 1893, p. 183).

Unámonos imaginariamente con la congregación que esa noche escuchaba en atento silencio:

"Y hermanos, ha llegado el momento de retomar esta noche lo que rechazamos allí. Nadie entre nosotros ha sido capaz siquiera de soñar la maravillosa bendición que Dios tenía para nosotros en Minneapolis, y que habríamos podido disfrutar en estos cuatro años, si los corazones hubieran estado dispuestos a recibir el mensaje que Dios envió. Estaríamos cuatro años más adelante, estaríamos en medio de las maravillas del fuerte pregón mismo, esta noche. ¿No nos decía el Espíritu de Profecía allí, en aquel tiempo, que la bendición rondaba sobre nuestras cabezas?" (Id.)

O.A. Olsen, presidente de la Asociación General, fue conmovido por esa presentación. El día siguiente desnudó su alma ante los delegados:

"La presencia de Dios está convirtiendo este lugar en cada vez más solemne. Presumo que nadie entre nosotros ha estado jamás en una reunión como ésta. El Señor está ciertamente acercándose a nosotros, y está revelando las cosas más y más, cosas que no habíamos comprendido ni apreciado tan plenamente hasta ahora...

Anoche tuve un sentimiento de gran solemnidad. El lugar se convirtió para mí en grandioso, en razón de la proximidad de Dios, del solemne testimonio que se nos dio aquí...

Algunos se pueden sentir atribulados por la alusión hecha a Minneapolis. Sé que algunos se han sentido agraviados y afligidos debido a la referencia hecha a ese encuentro, y a la situación allí. Pero téngase presente que la única razón para que alguien se pudiera sentir así es un espíritu obstinado por su parte... El mismo hecho de que uno se sienta agraviado, delata al instante la semilla de la rebelión en el corazón" (Id., p. 188).

Otro de los oradores prominentes en 1893 que reconoció, al menos parcialmente, lo que estaba sucediendo, fue W.W. Prescott:

"Cuando pienso que durante cuatro años hemos estado en el tiempo de la lluvia tardía, y que Dios ha querido derramar su Espíritu para la restauración de esos dones, que su obra podría avanzar con poder; y que desea que nos unamos con gozo en la obra cooperando con él de todo corazón, se me antoja que nosotros hemos sido las manos que han impedido y los pies que no han querido andar; y que más bien que permitir que se quebrante de nuestra alma, ésta se ha resistido" (Id., p. 463).

Desde las amarillentas páginas del Bulletin de 1893 le asalta a uno la expectación de la inminente lluvia tardía. ¡Desde los gloriosos días del clamor de media noche de 1844, los corazones del pueblo de Dios no habían palpitado con una esperanza escatológica tal!

"Entonces, cuando el mensaje de la justicia de Dios -la justicia de Dios que es por la fe de Jesucristo, la obra justa de Dios-, cuando eso se acepta, cuando accedemos a recibirlo y cuando su pueblo lo mantiene, ¿en qué se traduce eso, en relación con la obra de Dios en la tierra? -No pasará mucho tiempo antes que todo sea hecho...

Es ahora el tiempo en el que la obra será acabada en breve, y estamos en medio de las escenas que van a clausurar la historia de este mundo... pero la lluvia tardía es la doctrina de justicia. ¿Cuándo comenzamos como pueblo con el mensaje de la justicia de Cristo? [Uno o dos en el auditorio: 'Hace tres o cuatro años'. ¿Cuántos?, ¿tres?, ¿o cuatro? [Congregación: 'Cuatro'] Si, cuatro. ¿Dónde fue? [Congregación: 'En Minneapolis']...

Ahora bien, el mensaje de la justicia de Cristo es el fuerte pregón. Es la lluvia tardía" (Id., p. 243).

¿No se habría quedado estupefacta la congregación en aquella noche, de haber sabido que pasaría al menos un largo siglo antes que fuese oído el llamamiento misericordioso de Dios? En la historia de la Iglesia Adventista se han escrito muchos libros desde entonces. Extrañamente, ninguno ha desvelado el significado real del mensaje de 1888 en la historia, excepción hecha del de L.E. Froom,

Movement of Destiny, publicado en 1971. Froom identifica sin vacilación el mensaje de 1888 como el comienzo de la lluvia tardía:

"Hubo, pues, en los años noventa, no ya solamente una exposición, sino una manifestación del poder de la justicia por la fe como anticipo del poder destinado a culminar en el fuerte pregón, del cual se dieron manifestaciones prácticas. La hermana White manifestó expresamente que lo que estaba teniendo lugar era en realidad el principio de la lluvia tardía" (p. 345).

"El mensaje de Minneapolis vino e ser preciosísimo para el corazón de [F.H.] Westphal. Dijo que era 'dulce melodía para su alma'. Regresó a Plainfield, Wisconsin, e hizo saber a la iglesia que la lluvia tardía había comenzado. Como resultado, un granjero vendió su granja, dedicó gran parte de su dinero a la obra del Señor, comenzó a colportar y fue finalmente ordenado para el ministerio" (p. 262).

"Quien niega que el fuerte pregón comenzó a sonar en 1888, impugna la veracidad del Espíritu de Profecía. Quien asevera que la lluvia tardía no comenzó entonces a caer, desafía la integridad del mensaje que Dios nos entregó" (p. 667).

"Como sabe todo estudioso de este tema, esas verdades de 1888 no han alcanzado todavía su plenitud, tal como se nos dice que deben alcanzar y alcanzarán antes y a medida que entramos en nuestra fase final de testificación al mundo. Vendrán a ser entonces de una forma muy definida el centro álgido de nuestra presentación final al mundo. Los 'movimientos finales' serán 'rápidos', llenos del Espíritu, centrados en Cristo, llenos de mensaje, movimientos sobreabundantes en la justificación por la fe... Las verdades gloriosas de 1888 triunfarán" (p. 521).

La "bienaventurada esperanza" que sostuvo a los pioneros adventistas fue la de ver a Jesús personalmente en su retorno, y ser trasladados sin conocer la muerte. El mensaje de 1888 reavivó esta esperanza de traslación. A.T. Jones citó la declaración que encontramos en Joyas de los Testimonios, tomo I, p. 187: "Los que resisten en cada punto, que soportan cada prueba y vencen, a cualquier precio que sea, han escuchado el consejo del Testigo fiel y recibirán la lluvia tardía, y estarán preparados para la traslación" Por si no pareciese suficiente:

"Hermanos, es aquí donde estamos. Actuemos en consecuencia. Demos gracias al Señor porque se relaciona todavía con nosotros, para salvarnos de nuestros errores y peligros, para guardarnos de los caminos equivocados y para derramar sobre nosotros la lluvia tardía, a fin de que podamos ser trasladados. Eso es lo que el mensaje significa para mí y para vosotros: traslación" (General Conference Bulletin, 1893, p. 185).

Pocos días después volvió al mismo tema:

"Hermanos, ¿no es de gran ánimo el pensamiento de que... la lluvia tardía va a preparar para la traslación? Ahora, ¿dónde debe ser derramada la lluvia tardía, y cuándo? Ahora es el tiempo para la lluvia tardía, ¿y cuándo es el tiempo para el fuerte pregón? [Voz: 'Ahora'] ¿Para qué va a prepararnos? [Voz: 'Para la traslación']. Me anima mucho considerar que las pruebas que el Señor nos está dando ahora son para prepararnos para la traslación. Y cuando viene y nos habla a ti y a mí, es porque quiere trasladarnos, pero no puede trasladar el pecado, ¿no os parece? Por lo tanto, su único propósito al mostrarnos las dimensiones del pecado es poder salvarnos de él y trasladarnos. ¿Nos desanimaremos, pues, cuando él nos manifiesta nuestros pecados? No; agradezcámosle que él nos quiera trasladar, y él quiere hacerlo hasta el punto que quiere alejar nuestros pecados del camino lo antes posible" (Id., p. 205).

La clara apreciación del mensaje de la reforma pro-salud guardó estrecha relación con la noción de preparación para la traslación:

"Ahora, allí mismo hay otra cosa. Estamos viviendo en vista de otra circunstancia terrible, es decir, si ese mensaje que debemos ahora dar no es recibido, lleva aparejada la funesta consecuencia de que se recibirá en su lugar el vino de la ira de Dios... Y la obra que va a enfrentarnos con el hecho aquí referido ya ha empezado. Por lo tanto, ¿no va a dar eso al mensaje de la reforma pro-salud una fuerza de la que no ha gozado hasta ahora? Cuando la reforma pro-salud fue dada al pueblo de Dios fue definida como aquello que prepararía al pueblo para la traslación... Pero debemos pasar por las siete últimas plagas antes de ser trasladados; y si la sangre de un hombre es impura y llena de elementos inapropiados, ¿será capaz de superar ese tiempo, en que el aire estará envenenado de pestilencia? Ciertamente no podrá" (A.T. Jones, Id., p. 8 y 89).

Ocurrió un acontecimiento nacional relevante que llenó la era de 1888 de sorprendente significado. Los adventistas siempre habían creído que de una forma virtualmente simultánea con el derramamiento del Espíritu Santo en la lluvia tardía, vendría la ley dominical nacional prefigurada en la profecía de la marca de la bestia. En dos siglos de historia nacional, el Congreso americano no había estado jamás tan cerca de aprobar una ley dominical nacional como lo estuvo durante el auge de la justificación por la fe en 1888. "En 1888, el senador H.W. Blair de New

Hampshire introdujo un documento dominical en el Congreso de Estados Unidos, urgiendo la observancia del domingo en todos los territorios federales como 'día de adoración', y también una enmienda educacional-religiosa a la Constitución" (Seventh-Day Adventist Encyclopedia, edición revisada, p. 1437). Justamente después de la sesión de la Asamblea General de 1888 en Minneapolis, E. White escribió:

"Vemos que se están haciendo esfuerzos para restringir nuestras libertades religiosas. La cuestión del domingo está asumiendo grandes proporciones. Se está urgiendo en el Congreso una enmienda a la Constitución, y si prospera, la opresión no tardará" (Review and Herald, 8 de diciembre de 1888).

Apenas había terminado A.T. Jones sus obligaciones en la sesión de la Conferencia General de 1888, cuando fue llamado a Washington, D.C. para hacer una presentación ante el Comité de la Educación y Trabajo del Senado de Estados Unidos, el 13 de diciembre de 1888 ("La Ley Nacional Dominical, Discusión de A.T. Jones," Oakland, California, American Sentinel, 1890). El éxito de Jones al oponerse al documento de Blair hizo, naturalmente, más prominentes las presentaciones sobre la justificación por la fe. La agitación posterior en relación con el domingo, hacia finales de 1893, en la Feria Mundial de Chicago, produjo un clima tenso para los delegados, en la sesión de la Asamblea General de ese año:

"A título de comienzo, y para sentar las bases de lo por venir, echaremos una ojeada a la situación ante nosotros tal cual es esta noche, en el gobierno de Estados Unidos. Y por esta razón, voy a relatar las experiencias de lo escuchado recientemente en Washington" (Bulletin, p. 399).

"Cuando [el Congreso] puso allí esa restricción, y manifestó que los responsables debían firmar un acuerdo para cerrar la Feria Mundial en domingo, -'el Sabbath cristiano', como calificó el Congreso al domingo- antes de recibir ninguna remuneración, hubiese podido exigir con el mismo derecho que el director de la Feria Mundial se sometiese al bautismo cristiano antes de poder recibir ningún pago...

Si el Congreso puede definir lo que es el Sabbath cristiano, entonces puede requerir cualquier otra cosa en la religión cristiana" (Id, p. 50).

"Estas son algunas de las cosas que están ocurriendo ante nosotros. Ahora el estudio será sobre lo que pronto va a venir sobre nosotros, en vista de lo que ahora está pasando. Cuando veamos eso, como el Testimonio ha dicho, veremos la necesidad, reconoceremos la necesidad de que el Espíritu Santo sea reconocido, recibido y presentado a la gente. Y aquí es donde estamos, hermanos, como ha dicho el hermano Prescott. La única pregunta es ¿buscaremos a Dios para el poder de su Espíritu Santo?" (Id., p. 52).

Aquellos de entre nuestro pueblo que estaban alerta, resultaron conmovidos, como no podía ser menos. El Congreso había declarado que el "Sabbath cristiano" era el domingo. El clero se manifestaba a punto de pisotear las convicciones de los guardadores del sábado. Nuestro pueblo se mantuvo meditando en ese familiar texto: "Tiempo es de hacer, oh Jehová. Disipado han tu ley" (Sal. 119:126). El pastor Jones hizo un poderoso llamado:

"¿No es esa palabra la oración que Dios ha puesto en nuestros labios en este tiempo?... ¿estáis viviendo día tras día... ante ese terrible hecho, que es tiempo para Dios de actuar, si es que su integridad debe ser mantenida en todo el mundo?... Nos lleva al punto de una consagración tal como la que ninguna de nuestras almas había soñado antes; una tal consagración, una tal devoción, que nos mantenga en la presencia de Dios, con ese grandioso pensamiento de que 'Tiempo es de hacer, oh Jehová. Disipado han tu ley' " (Id., p. 73).

La justicia por la fe carece de sentido a menos que motive a la consagración sacrificial y al servicio. El mensaje de Jones y Waggoner era eficaz y práctico por cuanto demandaba y motivaba a una devoción cabal:

"Debemos advertir a la gente del mundo contra este poder [la bestia y su imagen]... y atraerlos fuera de él, hacia Dios. Ahora bien, ¿puedo realizar eso con alguna fuerza, si guardo alguna conexión con el mundo o la mundanalidad? [Congregación: No] Si comparto un espíritu mundano, y una disposición e inclinación mundanas, quiero saber cómo voy a advertir a la gente a separarse enteramente del mundo. ¿Cómo va a haber alguna fuerza en mis palabras para que alguien lo haga?... No importa si usted es un pastor o no, si es un adventista del séptimo día o sólo un profeso adventista... Quiero saber: ¿cómo va a hacer válida esa profesión, si está de alguna manera conectado con este mundo en espíritu, mente, pensamiento, deseos o inclinaciones? No amigo; una conexión con el mundo no mayor que el espesor de un cabello le quitará el poder que debe haber en el llamado para advertir a todos contra ese poder malvado mundanal, al efecto de que puedan separarse completamente de él" (Id., p. 123).

El mensaje era el adecuado a la crisis. Los mensajeros estaban haciendo un llamamiento a la plena consagración al Señor, en lenguaje claro y sencillo:

"Es un espléndido cuadro el que describió el hermano Porter hace poco tiempo; que el profeta buscó a los que daban ese mensaje, pero buscó demasiado bajo. El ángel dijo: 'Mira más arriba'. Gracias a Dios, están por encima del mundo. Es allí a donde pertenecen. Más arriba del mundo, en un fundamento que Dios ha establecido para que caminen por ella. Y todos aquellos que estén tan abajo que uno tenga que mirar al mundo para verlos, están descalificados para dar el mensaje del tercer ángel. Debemos estar por encima del mundo. Por lo tanto, librémonos de él, hermanos" (Id.).

Llamados como el siguiente son los que indujeron a un granjero de Plainfield, Wisconsin, a vender su granja e implicarse en el trabajo del Señor:

"Hermanos, lo peor que puede pasarle a un adventista con medios es que Dios tenga que pasarlo por alto y buscar a algún otro que esté dispuesto a dar lo que se necesite. Un adventista que vive para sí es el peor hombre en este mundo. Hemos llegado a un punto en el que Dios quiere que empleemos todo cuanto tenemos. Y cuando creemos eso, nuestros medios y nosotros mismos serviremos para su uso. Y su obra pronto será concluida, y entonces no necesitaremos más medios. Esa es la situación actual" (Id., p. 111: Froom, Movement of Destiny, p. 262).

Nunca, desde el clamor de media noche de 1844, se habían conmovido tan profundamente los corazones. ¡Habían comenzado la lluvia tardía y el fuerte pregón! No es extraño que el presidente de la Asociación General dijese: "La presencia de Dios está convirtiendo este lugar en más y más solemne cada vez. Presumo que nadie entre nosotros ha estado jamás en una reunión como ésta". ¿Cómo se habría sentido el lector, de haberse encontrado escuchando estas palabras?:

"Es tiempo de que el mensaje del tercer ángel alcance a toda nación del mundo...

Bien, ¿estamos preparados para ir? Siendo ese el mensaje, ¿no corresponde a cada uno de quienes lo profesan el estar dispuesto a ir hasta lo último de la tierra, cuando Dios lo llame a ir?... Son indignos de la confianza que Dios ha puesto en nosotros en el mensaje del tercer ángel, los que rechazan el llamado de Dios, de ir a la parte que sea del mundo, ¿no es así? Eso nos enfrenta una vez más a una consagración tal como no se haya visto jamás entre los adventistas. Nos emplaza ante una consagración en la que todo, el hogar, la familia, las propiedades, son entregados en las manos de Dios a fin de permitirle llamarnos y enviarnos o enviar nuestros medios donde él determine, y hacer lo que él juzgue oportuno con nosotros...

Estas cosas tal como ahora están, ejercen un impulso sobre la fe sincera mayor del que jamás hayan ejercido anteriormente... Os digo que atraen al hombre. Siento su atracción en mí. Bien, todo cuanto puedo decir, hermanos, es: permitamos que ejerzan su atracción" (Id. p. 110 y 111)

En la misma sesión, el pastor S.N. Haskell tenía similar convicción. Y más tarde fue hasta los lugares remotos de la tierra:

"Entonces, ¿qué haremos si somos poseedores de la gracia? Espero que dejaremos nuestras casas. Espero que estaremos felices de dejar nuestras casas y dedicarlas a la causa de nuestro Señor Jesucristo, y ser los medios para llevar la verdad hasta lo último de la tierra... Si nuestro interés es limitado, haremos unas pocas oraciones -y eso está bien; podemos también enviar algunos periódicos-. No está mal, pero ¿cuántos de nosotros nos daremos a nosotros mismos, rendiremos nuestros intereses y nuestras vidas para estar implicados de tal manera en la obra de Dios que nuestra práctica esté en total armonía con la obra del Señor y Salvador Jesucristo?" (Id., p. 131).

Algunos consagraron de esa manera su todo a Jesús. El mensaje tenía poder. Hasta fueron re-bautizados pastores ordenados [1]. Ese tipo de consagración hablará a los corazones de los pastores:

"Esa es la cuestión, no quién será el más grande en la Asociación, o quién será el mayor en la iglesia, o quién tendrá ésta o aquella posición en la Iglesia o el Consejo. No ciertamente, sino ¿quién se aproximará más a la semejanza con Cristo?" (Id., p. 169).

¿Es ahí donde estamos nosotros hoy? ¿Veremos en nuestra generación la gloria de Dios desplegada en la consumación de su obra?

¿Cuál era el contenido del mensaje de 1888, para tener tal gran poder de conmover los corazones?

Se puede resumir en una palabra: Cristo.

Finalmente, dos pastores adventistas habían vislumbrado el que debe ser nuestro gran tema para el mundo:

"Los adventistas del séptimo día debieran destacarse entre todos los que profesan ser cristianos, en cuanto a levantar a Cristo ante el mundo. La proclamación del mensaje del tercer ángel exige la presentación de la verdad del sábado. Esta verdad, junto con las otras incluidas en el mensaje, ha de ser proclamada; pero el gran centro de atracción, Cristo Jesús, no debe ser dejado a un lado. Es en la cruz de Cristo donde la misericordia y la verdad se encuentran, y donde la justicia y la paz se besan.

El pecador debe ser inducido a mirar al Calvario; con la sencilla fe de un niñito, debe confiar en los méritos del Salvador, aceptar su justicia, creer en su misericordia" (E.G. White, Obreros evangélicos, p. 164 y 165).

Nota:

1. W.S. Hayatt fue uno de ellos (Froom, Movement of Destiny, p. 257); También lo fueron el Dr. Daniel H. Kress y su esposa (ver Under the Guiding Hand, p. 112 y 113).

Capítulo 3—Cristo, el centro del mensaje de 1888

Jones y Waggoner fueron unánimes al exaltar a Cristo enfáticamente como al Ser divino. Sus presentaciones maduras no estuvieron manchadas por ninguna concepción de Cristo como siendo menos que eternamente preexistente, e igual al Padre. Véase la manera en la que Waggoner exalta a Cristo en The Glad Tidings, p. 141:

"Cristo fue mediador desde antes que el pecado entrase en el mundo, y lo seguirá siendo cuando no exista ya pecado en el universo, ni necesidad de expiación... Es la imagen misma de la sustancia del Padre... No se hizo mediador por primera vez en ocasión de la caída del hombre, sino que lo fue desde la eternidad. Nadie -no solamente ningún hombre, sino ningún ser creado, viene al Padre sino por Cristo".

Jones coincidió con Waggoner en igual proclamación de la plena deidad de nuestro Salvador:

"En el primer capítulo de Hebreos se revela a Cristo como Dios, del nombre de Dios, porque posee la naturaleza de Dios. Y hasta tal punto, que es la misma imagen de su sustancia. Tal es Cristo el Salvador, Espíritu del Espíritu, sustancia de la sustancia de Dios. Y es esencial reconocer eso en el primer capítulo de Hebreos, al efecto de comprender lo que implica su naturaleza como hombre, en el segundo capítulo del libro" (The Consecrated Way, p. 16).

El núcleo del mensaje de 1888 era un redescubrimiento de la justificación por la fe del Nuevo Testamento. Pero los mensajeros lograron eliminar la escoria de muchos siglos de árido debate. Su comprensión del mensaje de los tres ángeles de Apocalipsis 14 a la luz de la purificación del santuario, restauró su visión al nivel de la primitiva pureza apostólica, e iba a preparar un pueblo para la venida de Cristo. Veamos un ejemplo:

"El justo vivirá por la fe. ¿Cuánto de la vida de un hombre debe ser justo? Todo, en todo momento, ya que el justo vivirá por la fe...

Ninguno de nuestros actos puede ser justo simplemente por la ley. Solamente por la fe puede un hombre, o cualquiera de sus acciones, ser justo. La ley juzga al hombre por sus obras, y ésta es tan inconmensurablemente elevada que ninguna obra humana puede alcanzar su altura. Debe haber, por lo tanto, un Mediador a través del cual se pueda obtener la justificación...

Todos los actos de la humanidad están viciados...

En Cristo se encuentra la perfecta justicia de la ley, y la gracia de otorgar el don de su justicia mediante la fe. Los mismos profetas dan testimonio de ello, dado que predicaron la justificación en Cristo por la fe...

Una sola cosa es lo que un hombre necesita en este mundo, que es justificación. Y la justificación es un hecho, no una teoría. Es el evangelio... La justicia puede alcanzarse únicamente por la fe; en consecuencia todo cuanto sea digno de predicarse debe llevar a la justificación por la fe...

Necesitamos la justicia de Cristo tanto para justificar el presente como para hacer perfectos los imperfectos actos del pasado" (Waggoner, General Conference Bulletin, 1891, p. 75).

"Nos sorprende que alguien haya podido suponer que la doctrina de la justificación por la fe lleve a un menosprecio de la ley de Dios. La justificación lleva la ley ante sí... Establece la ley en el corazón. La justificación es la ley encarnada en Cristo, puesta en el hombre, de manera que es encarnada en el hombre...

Cristo da su justicia, quita el pecado, y deja allí su justicia, y eso efectúa un cambio radical en el hombre" (Id., p. 85).

Como veremos en un capítulo posterior, la relación explicada por Waggoner entre la justificación por la fe y la ley, de ninguna forma se hacía eco del error del Concilio Católico de Trento en su falsificación de la justificación por la fe. El enfoque de la justificación por la fe de 1888 iba a preparar un pueblo del que pudiese decir el Señor, "Aquí están los que guardan los mandamientos de Dios y la fe de Jesús" (Apoc. 14:12).

Ambos mensajeros estaban cautivados con la gloria de Cristo. Waggoner urgió a "considerar a Cristo continua e inteligentemente, tal como él es" (Cristo y su justicia, p. 5). Considerarle "tal como él es", requiere una visión equilibrada de Cristo como nuestro sustituto y garante, y también como nuestro modelo y ejemplo. No es posible apreciarlo como nuestro sustituto divino a menos que lo veamos también como nuestro ejemplo; lo último hace glorioso a lo primero, y lo primero hace eficaz a lo segundo:

"Él debe ser exaltado en toda su extraordinaria bondad y poder como 'Dios con nosotros', a fin de que su atractivo divino pueda atraer a todos hacia él" (Id., p. 6).

"El hecho de que Cristo es una parte de la divinidad, poseyendo todos sus atributos, siendo igual al Padre en todos los respectos, como creador y dador de la ley, es la fuerza de la expiación... Si Cristo no fuera divino, entonces tendríamos meramente un sacrificio humano... No tendría justicia que impartir a otros" (Id., p. 43 y 44).

"La seguridad del pecador en un perdón pleno y gratuito descansa en el hecho de que el mismo dador de la ley, el mismo contra quien se ha rebelado y desafiado, es Aquel que se dio a sí mismo por nosotros" (Id., p. 45).

Jones y Waggoner fundaron su mensaje de una forma definida y fiel en la idea de que Cristo es nuestro sustituto y que él imputa su justicia al pecador que cree. Ese era el fundamento que habían establecido los reformadores del siglo XVI, que nuestra aceptación por parte de Dios se basa enteramente en la obra sustitutoria de Cristo; ni por un asomo en nuestra propia obra:

"Puesto que los mejores esfuerzos del hombre pecador no tienen la menor eficacia en producir justicia, es evidente que la misma puede llegarle únicamente como un don... Es por eso que la vida eterna -que es la recompensa de la justicia- es el don de Dios por medio de Jesucristo nuestro Señor.

Dios ha hecho que Cristo sea el Único a través de quien pueda obtenerse el perdón de los pecados; y ese perdón consiste llanamente en la declaración de su justicia (que es la justicia de Dios), para remisión. 'Dios, que es rico en misericordia' (Efe. 2:4) y que se deleita en ella, pone su propia justicia sobre el pecador que cree en Jesús, como sustituto por sus pecados. Con toda certeza es un intercambio beneficioso para el pecador, y no es una pérdida para Dios, ya que es infinito en santidad y la fuente nunca puede sufrir mengua... Dios coloca su justicia sobre el creyente. Lo cubre con ella, de manera que el pecado no aparece más...

Finalmente el pecador, harto de luchar en vano por obtener la justicia de la ley, oye la voz de Cristo, y corre a sus brazos abiertos. Oculto en Cristo, es cubierto con su justicia; y ahora, ¡he aquí!, ha obtenido, por la fe en Cristo, aquello por lo que tan vanamente se había esforzado... El artículo que posee es genuino, ya que lo ha obtenido de la verdadera fuente de justicia...

No hay nada de fraudulento en la transacción. Dios es justo, y al mismo tiempo quien justifica al que cree en Jesús. En Jesús habita la plenitud de la divinidad; es igual al Padre en todo atributo. En consecuencia, la redención que en él se halla -la capacidad de redimir al hombre perdido- es infinita. La rebelión del hombre lo es contra el Hijo tanto como contra el Padre, ya que ambos son Uno" (Id., p. 60-63).

Pero Jones y Waggoner hicieron lo que los reformadores del siglo XVI no llegaron jamás a hacer. Construyeron sobre ese fundamento un gran edificio de verdad que es única y distintamente adventista del séptimo día, tendente a concluir la Reforma iniciada siglos antes. Avanzaron en la presentación de un mensaje de justicia por la fe paralelo y consistente con la verdad única adventista de la purificación del santuario. 'El mensaje de la justicia de Cristo' que debe alumbrar la tierra con su gloria se ministra desde el lugar santísimo del santuario celestial, donde Cristo, nuestro Sumo Sacerdote, está llevando a cabo la culminación de su obra de expiación.

Lo anterior requería una comprensión de la justicia de Cristo manifestada en carne humana, más profunda de la que nunca antes se hubiera dado.

La pluma inspirada nos dice que el fuerte pregón del mensaje del tercer ángel consistiría en luz más bien que en ruido:

"El mundo está envuelto por las tinieblas de la falsa concepción de Dios. Los hombres están perdiendo el conocimiento de su carácter... Aquellos que esperan la venida del Esposo han de decir al pueblo: '¡He aquí vuestro Dios! Los últimos rayos de luz misericordiosa, el último mensaje de clemencia que ha de darse al mundo, es una revelación de su carácter de amor" (Palabras de vida del gran Maestro, p. 342).

Veremos cómo el mensaje de 1888 en sí mismo cumplía esta especificación que requiere el genuino derramamiento del Espíritu Santo en la lluvia tardía. Pero antes de continuar debemos detenernos brevemente en qué relación guardó E. White con el mensaje de Jones y Waggoner. Se han hecho esfuerzos por desacreditar el mensaje, atribuyendo -particularmente a Waggoner- una supuesta apostasía, pocas semanas o meses tras la Asamblea de 1888.

Se deben considerar dos importantes factores:

- Si bien es peligroso validar un mensaje simplemente evocando su apoyo por parte de teólogos prominentes, aunque carentes de inspiración, no obstante, es significativo que teólogos competentes den soporte a la posición que Waggoner tomó tras la Asamblea de 1888. Más adelante en nuestro estudio citaremos a algunos de ellos, favoreciendo similar enfoque de la justificación por la fe. Cuando Waggoner dijo que la justificación por la fe "obra un cambio radical en el hombre", se refería a que el pecador creyente "es hecho obediente a la ley". ¡Esa no es de ninguna forma la posición católica!

- Las manifestaciones de apoyo entusiasta por parte de E. White al mensaje de Jones y Waggoner persistieron durante años después de la Asamblea de 1888. En 1889, declaró: "esa luz que estos hombres están presentando" (Manuscrito 5, 1889) y afirmó que "el mismo mensaje que el Señor envió a su pueblo en este tiempo, fue el que se presentó en los discursos" (Review and Herald, 5 de marzo de 1889). "El mensaje actual -justificación por la fe- es un mensaje de Dios; lleva las credenciales divinas, ya que su fruto es para santidad" (Id., 3 de septiembre de 1889). En 1890 habló de "las evidencias dadas en los dos años anteriores de la forma en que Dios ha obrado por medio de sus siervos escogidos" (Testimonios para los ministros, p. 466). En 1892 continuó: "Dios está obrando por medio de estos instrumentos... el mensaje que A.T. Jones y E. J. Waggoner nos están dando es un mensaje de Dios a la iglesia Laodicense" (Carta 0-19, 1892). En 1893 declaró que "la obra [de Jones] ha ido asistida por luz, libertad y el derramamiento del Espíritu de Dios" (Carta, 9 de enero de 1893). En 1895 habló frecuentemente de cómo "Dios les ha dado su mensaje. Llevan la palabra del Señor... Estos hombres... han sido como señales en el mundo, como testigos de Dios... movidos por el Espíritu de Dios... mensajeros designados por Cristo" (Testimonios para los ministros, p. 96 y 97). "Dios los ha elevado... y les ha dado luz preciosa, y su mensaje ha alimentado al pueblo de Dios" (Carta 51a, 1895). En fecha tan avanzada como 1896, dijo que "quien rechaza la luz y evidencia que Dios nos ha estado otorgando tan liberalmente, rechaza a Cristo" (Carta del 31 de mayo de 1896). Repartidas a lo largo de los años, las declaraciones de apoyo como las citadas, superan en número las doscientas [tras la reciente publicación de The EGW 1888 Materials (E. White), es fácil ver duplicada la cifra expresada].

- La única forma de atribuir apostasía a Waggoner en ese período, es desacreditando a E. White en la pretensión de que fuese ingenua y estuviese mal informada, o bien negligente en su deber.

El capítulo próximo examina uno de los conceptos más esenciales de la enseñanza de Jones y Waggoner. Hay evidencia documental inequívoca de que Waggoner sostuvo esa postura antes y después del Congreso de Minneapolis, incluso afrontando fuerte oposición. Fue una comprensión única de la "justicia de Cristo" que es imposible que no formase parte de cuanto enunció Waggoner en la Asamblea de 1888, por cuanto está integrado en el mensaje que éste presentó junto a Jones, con el apoyo de E. White.

Capítulo 4—Cristo, Tentado Como Nosotros

Al considerar las ideas básicas que hicieron del mensaje de 1888 de la justicia de Cristo algo único y eficaz, permaneceremos muy próximos a los comentarios paralelos de E. White sobre el mensaje e historia de la época. Su descripción de las reuniones de reavivamiento en South Lancaster, a principios de 1889, nos dirige al núcleo vital del mensaje de Jones y Waggoner:

"Tanto los alumnos como los maestros han participado grandemente de las bendiciones de Dios. La obra profunda del Espíritu de Dios fue sentida en casi todos los corazones. Los que asistieron a la reunión dieron un testimonio unánime de que habían obtenido una experiencia que sobrepasaba todo cuanto hubiesen conocido antes...

Nunca he visto un reavivamiento avanzar en forma tan completa, y sin embargo estar libre de toda excitación indebida. No hubo llamados apresurados o invitaciones. No se pidió a los miembros que pasaran adelante, pero hubo la solemne constatación de que Cristo vino a llamar, no a justos, sino a pecadores al arrepentimiento... Parecíamos respirar la atmósfera misma del cielo... Qué bella representación fue para el universo el ver cómo hombres y mujeres caídos contemplaron a Cristo. Fueron cambiados, tomando la impronta de su imagen en sus almas... Se vieron a sí mismos depravados y degradados de corazón... Eso subyuga el orgullo del corazón, y significa una crucifixión del yo" (Review and Herald, 5 de marzo de 1889).

El núcleo central del mensaje de Jones y Waggoner era la noción de un Cristo divino, eternamente preexistente, viniendo a rescatar al hombre donde éste se encuentra, tomando sobre su naturaleza impecable nuestra naturaleza pecaminosa, y experimentando todas nuestras tentaciones en su alma, pero triunfando completamente de ellas. Esa era la justicia de Cristo, dinámica y gloriosa, el fruto del conflicto de toda una vida hasta la misma "muerte de cruz" (Fil. 2:8). Refiriéndose a la misma reunión, E. White expresó su gozo en los siguientes términos:

"El sábado por la tarde fueron tocados muchos corazones, y muchas almas se alimentaron del pan que descendió del cielo... El Señor vino muy cerca y convenció las almas de la gran necesidad de su gracia y amor. Sentimos la necesidad de presentar a Cristo, no como el Salvador que estaba alejado, sino cercano, a la mano" (Id.)

La clave para comprender el centro del mensaje de 1888 radica en la frase: "el Salvador que no estaba alejado, sino cercano, a la mano". Aquel que es "el camino, la verdad y la vida" se manifestó a la juventud del Colegio como Uno "cercano, a la mano", "Emmanuel... Dios con nosotros"; no con Él solamente, sino "con nosotros" (Mat. 1:23).

¿Quién es Jesucristo?

En el mensaje de 1888 se nos presenta de una forma singular. Y la desconcertante historia del mensaje demuestra la gran controversia entre Cristo y Satanás. Revélese a Cristo en su plenitud, y se levantará la oposición de Satanás. ¿Fue Cristo realmente "tentado en todo según nuestra semejanza", tanto desde su interior como desde el exterior? ¿O bien fue tan diferente de nosotros que no pudo sentir nuestras tentaciones internas? ¿Podía sentir como nosotros sentimos? ¿Era verdadera y realmente humano? ¿Fue tentado solamente como lo fue Adán en su pureza, o bien fue tentado como lo somos nosotros?

Lo dicho por E. White en esa reunión temprana, en cuanto a que Cristo se reveló en el mensaje como Alguien cercano, a la mano, nos proporciona la clave inicial. Ella especificó "sentimos la necesidad" de presentarlo en ese modo. E. White se alistó sinceramente con Jones y Waggoner en sus presentaciones.

Eso fue lo que tanto impresionó su alma en ese "reavivamiento". "Tanto los alumnos como los maestros" "contemplaron a Cristo". Eso era genuina justificación por la fe, ya que subyugó "el orgullo del corazón, y [significó] crucifixión del yo". "¿Qué es justificación por la fe? Es la obra de Dios abatiendo la gloria del hombre en el polvo, y haciendo por el hombre lo que no está a su alcance hacer por él mismo" (The Faith I Live By, p. 111, de Special Testimonies, Serie A, nº 9, p. 62).

Echemos una ojeada a una muestra simple y clara del mensaje de Jones-Waggoner de la justicia de Cristo "en semejanza de carne de pecado". Waggoner explica lo que siempre enseñó, desde y antes de la Asamblea de 1888:

"Se me han hecho dos preguntas, que voy a leer ahora. Una de ellas dice: 'Lo santo que nació de la virgen María, ¿nació en carne pecaminosa?, y ¿tenía esa carne que contender con las mismas tendencias al mal que nosotros?'...

Nada sé sobre la cuestión, excepto lo que leo en la Biblia; pero ello es tan claro y categórico que me da esperanza inquebrantable [Voces: ¡Amén!] Tuve mi época de desánimo, desaliento e incredulidad, pero doy gracias a Dios que eso pasó ya. Lo que me producía desánimo durante años, a lo largo de mi vida, tras intentar servir al Señor tan ferviente y sinceramente como uno puede hacerlo, lo que hacía desistir a mi alma y decir -'es inútil, no puedo', era el conocimiento, en cierta medida, de la debilidad de mi propio yo, y el pensamiento de que aquellos que en mi opinión estaban obrando lo recto, y los santos hombres del pasado de los que leemos en la Biblia, debían tener una constitución diferente a la mía, de modo que para ellos era posible obrar lo recto. Numerosas experiencias tristes me demostraron que todo cuanto yo podía hacer era el mal...

Os pregunto: Si Jesucristo, establecido por el Padre como Salvador, quien vino aquí a mostrarme el camino de la salvación, en quien sólo hay esperanza; si su vida aquí en la tierra fue una farsa, entonces ¿dónde está la esperanza? [Voz: desaparece]. Pero decís, 'la pregunta presupone precisamente lo contrario a asumir que su vida fuese una farsa, ya que supone que fue perfectamente santo, tan santo que ni siquiera tuvo jamás un solo mal contra el que luchar'.

A eso es justamente a lo que me refiero. Leo que él 'fue tentado en todo según nuestra semejanza, pero sin pecado'. Leo cómo oró toda la noche. Leo de su oración en una agonía tal, que manaban de su rostro gotas de sudor como sangre; pero si todo ello fue simplemente fingido, no más que una exhibición, si pasó por todo ello sin haber nada, en realidad, si no fue realmente tentado, sino que quería ilustrar la conveniencia de orar, ¿de qué me sirve a mí? Me quedo peor que estaba.

Pero ¡Ah!, si hay Uno -y en el si no se debe ver ninguna implicación de duda. Más bien diré: Puesto que hay Uno que pasó por todo aquello a lo que yo pueda ser llamado alguna vez a pasar, que resistió más que cuanto pueda ser llamado personalmente a resistir, [Voces: ¡Amén!], quién sufrió tentaciones más poderosas que las que jamás me hayan asaltado a mí personalmente, que estaba constituido en todo respecto como yo, sólo que en circunstancias aún peores que las mías, que afrontó todo el poder que el diablo puede ejercer a través de la carne humana, y sin embargo no conoció pecado, entonces puedo alegrarme con gozo indescriptible. [Voces: ¡Amén!]... Y todo cuanto hizo hace unos mil novecientos años, es lo que sigue siendo poderoso para hacer, lo que hace en todos cuantos creen en él" (General Conference Bulletin, 1901, p. 403 y 404).

Antes de seguir, observemos lo que quiso expresar Waggoner:

Cristo fue tentado realmente como lo somos nosotros; oró porque necesitaba hacerlo; estaba "constituido en todo respecto como yo", con la excepción de que no cometió pecado; enfrentó "todo el poder que el diablo puede ejercer a través de la carne humana" (mediante tentaciones internas y externas).

Sin embargo, Cristo "no conoció pecado", y demostró en su carne y vida una justicia perfecta.

Todos cuantos creen en él verdaderamente, conocerán su poder para salvarlos de pecar.

Pero para ser justos, debemos oír la continuación de Waggoner, donde considera la posición católica romana sobre la naturaleza de Cristo en la carne:

"¿Fue Cristo, lo santo que nació de la virgen María, nacido en carne pecaminosa? ¿Habéis oído alguna vez sobre la doctrina católica romana de la inmaculada concepción? ¿La conocéis? Algunos habréis probablemente supuesto que consiste en que Cristo nació sin pecado. Eso no es de ninguna manera el dogma católico. La doctrina de la inmaculada concepción dice que María, la madre de Jesús, nació sin pecado. ¿Por qué? Aparentemente para magnificar a Cristo. En realidad es la obra del diablo en establecer una amplia sima entre Jesús, el salvador de los hombres, y los hombres a quienes vino a salvar, de manera que uno no pueda pasar hacia el otro" (Id., p. 404).

Esa amplia sima es la misma que sintió la necesidad de evitar E. White en la declaración del 5 de marzo de 1889, cuando dijo que "sentimos la necesidad de presentar a Cristo, no como el Salvador que estaba alejado, sino cercano, a la mano". En 1901, Waggoner estaba al corriente de la oposición al mensaje de 1888. Continuó en estos términos:

"Cada uno de nosotros necesita saber si está apartado o no de la iglesia de Roma. Una gran proporción de gente ha recibido ya la marca, pero de una cosa estoy seguro: todas las almas congregadas aquí esta noche están deseosas de conocer el camino de verdad y justicia [Congregación: ¡Amén!], y no hay nadie aquí que esté inconscientemente adherido a los dogmas del papado, que no desee liberarse de ellos.

¿No veis que la idea de que la carne de Jesús no fuese como la nuestra (porque sabemos que la nuestra es pecaminosa) implica necesariamente la noción de la inmaculada concepción de María? Considerad, por el contrario: en él no hubo pecado, sino el misterio de Dios manifestado en la carne... la perfecta manifestación de la vida de Dios en su impecable pureza, en medio de carne pecaminosa. [Congregación: ¡Amén!] ¿No es eso una maravilla?

Supongamos por un momento que aceptamos la idea de que Jesús estuvo tan separado de nosotros, es decir, fue tan diferente de nosotros, que no tenía en su carne nada contra lo que contender. Que era carne no pecaminosa. Entonces, por necesidad, el dogma de la inmaculada concepción de María se convierte en un corolario natural. Pero ¿por qué pararse ahí? Si María nació en carne no pecaminosa, entonces la madre de ésta también debió nacer en carne similar. Pero no podemos pararnos tampoco ahí. Hemos de ir a la madre de ésta última,... y así hasta llegar a Adán; ¿Resultado?: nunca existió la caída; Adán no pecó nunca; y rastreando así las huellas, encontramos la identidad esencial del catolicismo romano y del espiritismo...

[Cristo] fue tentado en la carne, sufrió en la carne, pero tenía una mente que jamás consintió al pecado...

Estableció la voluntad de Dios en la carne, y estableció el hecho de que la voluntad de Dios puede ser cumplida en toda carne humana, pecaminosa...

Todo cuerpo, vuestro cuerpo y el mío, están, por designio de Dios, en disposición de que en ellos sea hecha Su voluntad" (Id., p. 404 y 405)

La idea que Waggoner presenta aquí llanamente es que cuanto Cristo cumplió venciendo en su carne, lo puede cumplir también en la carne de todo quien cree verdaderamente en él. Véase su conclusión:

"Cuando Dios da al mundo ese testimonio de su poder para salvar hasta lo sumo, para salvar seres pecaminosos, y para vivir una vida perfecta en carne pecaminosa, remediará la impotencia, proporcionando mejores circunstancias en las que vivir. Pero primeramente esa maravilla debe ser obrada en el hombre pecaminoso, no simplemente en la persona [carne] de Jesucristo, sino en éste reproducido y multiplicado en los miles de seguidores suyos. No sólo en unos pocos casos esporádicos, sino en todo el cuerpo de la iglesia será manifestada al mundo la perfecta vida de Cristo, y esa será la obra cumbre final que, o bien salvará, o bien condenará a los hombres...

Cuando nos aferramos a eso, tenemos vida sana en carne mortal, y nos gloriaremos en las enfermedades... Me puedo sentir perfectamente satisfecho sin conocer mayor gozo que ese, que Jesús nos da la experiencia del poder de Cristo en carne pecaminosa; someter y subyugar a su voluntad esta carne pecaminosa. Es el gozo de la victoria; y cuando eso ocurre, está más que justificada una exclamación de triunfo...

Nos da la victoria partiendo de la derrota; nos eleva desde el fondo del pozo, y nos hace sentar con Cristo en lugares celestiales. Puede tomar la criatura nacida en pecado, quizá incluso el fruto de la concupiscencia, y puede hacerla sentar junto a los príncipes del pueblo de Dios. El Señor nos ha mostrado eso en que no nos negó a su propio Hijo... Nos hemos lamentado por el hecho de heredar tendencias al mal, naturalezas pecaminosas, casi hemos desesperado al no poder superar esos males heredados, ni resistir esas tendencias al pecado... Jesucristo 'fue hecho de la simiente de David según la carne' (Rom. 1:3)... no se avergonzó de llamarse hermano de hombres pecaminosos...

Vemos, pues, que al margen de cuál haya podido ser nuestra herencia por naturaleza, el Espíritu de Dios tiene tal poder sobre la carne que puede revertir todo eso hasta lo sumo, y hacernos participantes de la naturaleza divina...

¡Que Dios nos ayude a ver algunas de las posibilidades gloriosas en el evangelio... de forma que podamos decir: 'El hacer tu voluntad, Dios mío, hame agradado, y tu ley está en medio de mis entrañas' (Sal. 40:8), revelando su poder incluso en mi carne mortal, pecaminosa, para eterna alabanza de la gloria de su gracia" (Id., p. 406-408).

Esas nociones de la justicia de Cristo son idénticas a las que presentó Waggoner antes e inmediatamente después de la Asamblea de 1888. La idea básica permaneció clara y libre de distorsión. Véase lo que escribió a G.I. Butler el 10 de febrero de 1887, publicándolo después en 1888:

"Lea Romanos 8:3 y comprenderá la naturaleza de la carne de la que fue hecho el Verbo...

'Dios enviando a su Hijo en semejanza de carne de pecado, y a causa del pecado, condenó al pecado en la carne'. Cristo nació en semejanza de carne de pecado [se citan Fil. 2:5-7 y Heb. 2:9]...

Esos textos muestran que Cristo tomó sobre sí la naturaleza del hombre, y como consecuencia, estaba sujeto a la muerte. Vino al mundo con el propósito de morir, de tal manera que desde el principio de su vida en esta tierra se halló en la misma condición de aquellos a quienes vino a salvar con su muerte. Ahora lea Romanos 1:3: 'Acerca de su Hijo, que fue hecho de la simiente de David según la carne'. ¿Cómo era la naturaleza de David 'según la carne'? Pecaminosa, ¿no le parece? Dice David: 'He aquí en maldad he sido formado, y en pecado me concibió mi madre' (Sal. 51:5). No se horrorice, no estoy implicando que Cristo fuese pecador... [se cita Heb. 2:16 y 17].

El ser semejante en todo a los hermanos [de Heb. 2:17] es lo mismo que 'en semejanza de carne de pecado', 'hecho semejante a los hombres' [Fil. 2:7]. Una de las cosas más animadoras de la Biblia es el conocimiento de que Cristo tomó sobre sí la naturaleza del hombre, el saber que sus antepasados según la carne eran pecadores. Cuando leemos los registros de las vidas de los antepasados de Cristo, y vemos que tenían todas las debilidades y pasiones que nosotros tenemos, comprendemos que nadie tiene derecho a excusar sus actos pecaminosos evocando el factor hereditario. Si Cristo no hubiese sido hecho en todo semejante a los hermanos, entonces su vida sin pecado no sería motivo de ánimo para nosotros. Podríamos mirarle con admiración, pero sería el tipo de admiración que produce desánimo y desesperanza... [se cita 2 Cor. 5:2].

Ahora, ¿cuándo fue hecho Jesús pecado por nosotros? Tiene que haber sido cuando fue hecho carne y comenzó a sufrir las tentaciones y enfermedades consustanciales a la carne pecaminosa. Pasó por cada fase de la experiencia humana, siendo 'tentado en todo según nuestra semejanza, pero sin pecado' [Heb. 4:15]. Fue 'varón de dolores, experimentado en quebranto'. 'Llevó él nuestras enfermedades, y sufrió nuestros dolores' [Isa. 53:3 y 4]; y según Mateo, esa Escritura se cumplió mucho antes de la crucifixión. De manera que afirmo que su nacer bajo la ley es una consecuencia necesaria de su nacimiento en semejanza de carne de pecado, de haber tomado sobre sí la naturaleza de Abraham. Fue hecho como el hombre, a fin de poder pasar por el sufrimiento de la muerte. La cruz estuvo siempre ante él desde su tierna infancia.

Usted dice: 'En cuanto a que él tomó voluntariamente sobre sí los pecados del mundo en su gran sacrificio sobre la cruz, lo admitimos [los líderes de la Asociación General y la Review and Herald]; pero él no nació bajo su condenación. De él, que fue puro, que no cometió un solo pecado en toda su vida, el decir que nació bajo la condenación de la ley, sería una manifiesta perversión de la sana teología' [Butler, The Law in Galatians, p. 58].

Puede que sea una perversión de la teología, pero armoniza exactamente con la Biblia, que es lo importante...

Se muestra sorprendido de la idea de que Jesús fue nacido bajo la condenación de la ley, dado que jamás en su vida cometió pecado. Sin embargo admite que en la cruz estuvo bajo la condenación de la ley. ¡Vaya!, ¿resulta que entonces sí cometió pecado? De ninguna manera. Bien, pues si Jesús pudo estar bajo la condenación de la ley en algún momento en su vida, sin pecar por ello, no veo razón por la cual no lo pudiese estar en otro momento, y seguir sin pecado...

Sencillamente, no puedo entender cómo pudo Dios manifestarse en la carne, y en semejanza de carne de pecado... Simplemente acepto la declaración de las Escrituras de que sólo así pudo venir a ser el Salvador del hombre; y me gozo en saber que así sea, porque es gracias a que él fue hecho pecado, que yo puedo ser hecho justicia de Dios en él" (Waggoner, The Gospel in Galatians, 1888, p. 60-62).

Lo que hace interesante esa cita más bien larga a propósito de la naturaleza de Cristo, es que Waggoner la publicó en 1888, y solamente tras haber madurado el tema en su mente durante un año aproximadamente.

A partir de entrevistas con la viuda de Waggoner, Froom nos informa que ésta tomó a mano las presentaciones de su marido en la asamblea de 1888, transcribiéndolas después. Waggoner las editó posteriormente para artículos en The Signs of the Times, publicándolas después en los libros Christ and His Righteousness (Cristo y su justicia) y otros. (Froom, Movement of Destiny, p. 200 y 201). Waggoner tuvo apenas tiempo para deshacer las maletas, de regreso de la Asamblea de 1888, al escribir lo siguiente en Signs of the Times (el 21 de enero de 1889), probablemente a partir de los apuntes antes referidos -el mismo pasaje se encuentra, con ligeras modificaciones, en Christ and His Righteousness, p. 25-29-:

"Bastará un poco de reflexión para demostrar a cualquiera que si Cristo tomó sobre sí la semejanza de hombre a fin de poder sufrir la muerte, tuvo que haber sido el hombre pecaminoso al que fue hecho semejante, ya que solamente el pecado puede causar la muerte. La muerte... no pudo haber tenido ningún dominio sobre Cristo si el Señor no hubiese puesto sobre él la iniquidad de todos nosotros. Más aún, el hecho de que Cristo tomase sobre sí, no la carne de un ser impecable, sino la carne pecaminosa, es decir, la de un ser que se atenía a todas las debilidades y tendencias pecaminosas a las que la naturaleza humana caída está sujeta, se hace evidente por las palabras en las que se basa este artículo. 'Fue hecho de la simiente de David según la carne' [Rom. 1:3]...

Aunque su madre fue una mujer pura y bondadosa, como no cabría esperar menos, nadie dudará que la naturaleza humana de Cristo debe haber sido mucho más sujeta a las enfermedades de la carne que si hubiese nacido antes de que la raza se hubiera deteriorado tan grandemente en lo físico y en lo moral... [cita Heb. 2:16-18 y 2 Cor. 5:21].

Eso va más allá que la declaración de que fue hecho 'en semejanza de pecado'. Fue hecho pecado... Sin pecado, y sin embargo, no solamente contado como pecador, sino tomando de hecho sobre sí la naturaleza pecaminosa... [cita Gál. 4:4 y 5].

Jesús pasó noches enteras en oración al Padre. ¿Por qué tendría que hacerlo, si no hubiese sido oprimido por el enemigo, mediante las heredadas debilidades de la carne? 'Por lo que padeció aprendió la obediencia' [Heb. 5:8]. No que hubiese sido jamás desobediente, ya que 'no conoció pecado' [2 Cor. 5:21], pero por las cosas que padeció en la carne, aprendió aquello con lo que tiene que contender el hombre en sus esfuerzos por ser obediente...

Alguien podría pensar, tras la lectura del artículo hasta aquí, que estamos despreciando el carácter de Jesús, haciéndolo bajar hasta el nivel del hombre pecador. Muy al contrario, estamos en realidad exaltando el 'poder divino' de nuestro bendito Salvador, quien voluntariamente descendió hasta el nivel del hombre pecador, para poder exaltar al hombre hasta su propia pureza inmaculada, la que él retuvo bajo las más adversas circunstancias... Su humanidad solamente veló su naturaleza divina, que fue más que capaz de resistir exitosamente las pasiones pecaminosas de la carne. Toda su vida fue de lucha. La carne, impulsada por el enemigo de toda justicia, atraería hacia el pecado, sin embargo su naturaleza divina ni por un momento albergó un deseo impío, ni siquiera por un instante vaciló su poder divino. Habiendo sufrido en la carne todo cuanto uno pueda sufrir, volvió al trono del Padre tan inmaculado como al dejar las cortes gloriosas... Por lo tanto, cobren ánimo las almas débiles, cansadas, oprimidas por el pecado. Alléguense 'confiadamente al trono de la gracia' [Heb. 4:16], donde pueden tener la seguridad de encontrar gracia para el oportuno socorro en tiempo de necesidad, porque esa necesidad es sentida por nuestro Salvador, precisamente en el tiempo oportuno"

Los observadores habrán notado que Waggoner no dijo que Cristo "tenía" una naturaleza pecaminosa. Lo que dijo fue que "tomó" nuestra naturaleza pecaminosa, una naturaleza que poseía en ella misma toda la capacidad de ser tentada desde dentro y desde afuera, una naturaleza como la nuestra, con todos los resultados de nuestra herencia. Pero Jesús no cedió ni por un momento.

¿Apoyó E. White plenamente este concepto de la justicia de Cristo? En la misma asamblea de 1888, dijo: "Veo la belleza de la verdad en la presentación de la justicia de Cristo en relación con la ley, tal como el doctor [Waggoner] la ha expuesto ante nosotros... Lo presentado armoniza perfectamente con la luz que Dios ha tenido a bien darme en los años de mi experiencia" (Manuscrito 15, 1888). "La justicia de Cristo en relación con la ley" no se refiere, obviamente, a su santidad en la época previa a su encarnación, sino a su carácter y sacrificio encarnado "en semejanza de carne de pecado". Como ya hemos visto, Waggoner aclaró a Butler que su convicción sobre Cristo era que "su nacer bajo la ley es una consecuencia necesaria de su nacimiento en semejanza de carne de pecado, de haber tomado sobre sí la naturaleza de Abraham". No se puede concebir que E. White calificase el concepto de "la justicia de Cristo en relación con la ley" de Waggoner como "belleza de la verdad", a menos que incluyese la formidable noción de Cristo tomando "nuestra naturaleza pecaminosa", y sin embargo, desarrollando un carácter perfectamente impecable.

De hecho E. White la apoyó con entusiasmo:

"Cuando el hermano Waggoner expuso esas ideas en la asamblea de Minneapolis, esa fue la primera vez que oí de labios humanos una enseñanza clara sobre el tema, a excepción de conversaciones mantenidas con mi marido. Me decía: lo veo tan claramente debido a que Dios me lo ha presentado antes en visión, y [los hermanos que se oponían] no pueden verlo porque a ellos no les ha sido presentado como a mí, y cuando otro lo presentó, cada fibra de mi corazón decía Amén" (Manuscrito 5, 1889).

¿Cómo habría podido E. White decir algo así, si el mensaje de Waggoner hubiera significado meramente un énfasis en las ideas de Lutero y Calvino?

Capítulo 5—E. White apoya el mensaje de Waggoner y Jones

Este concepto de la justicia de Cristo no fue bien recibido por el pastor Butler, presidente de la Asociación General, quien polemizó con Waggoner (Butler, The Law in Galatians, p. 58, y Waggoner, The Gospel in Galatians, p. 62). Fue asimismo mal recibido por otros que escribieron cartas de queja a E. White, en relación con la enseñanza de Jones y Waggoner. Ella replicó con energía en un sermón matinal en Battle Creek, titulado "Cómo tratar un punto doctrinal controvertido":

"Me han llegado cartas que afirman que Cristo no podría haber tenido la misma naturaleza que el hombre, pues si la hubiera tenido, habría caído bajo tentaciones similares. Si no hubiera tenido la naturaleza del hombre, no podría ser nuestro ejemplo. Si no hubiera sido participante de nuestra naturaleza, no podría haber sido tentado como lo ha sido el hombre. Si no le hubiera sido posible rendirse ante la tentación, no podría ser nuestro ayudador. Fue una solemne realidad que Cristo vino para reñir las batallas como hombre, en lugar del hombre. Su tentación y victoria nos dicen que la humanidad debe copiar el Modelo. El hombre debe llegar a ser participante de la naturaleza divina...

Los hombres pueden tener un poder para resistir el mal: un poder que ni la tierra, ni la muerte, ni el infierno pueden vencer; un poder que los colocará donde pueden llegar a ser vencedores como Cristo venció. La divinidad y la humanidad pueden combinarse en ellos" (Mensajes Selectos, vol. I, p. 477-479).

Durante toda la década de los 90, E. White manifestó su apoyo inequívoco a ese concepto clave del mensaje de 1888. En ninguna de sus incontables declaraciones de apoyo al mensaje se puede encontrar la más leve insinuación de haber sostenido reservas sobre ese ingrediente fundamental. En febrero de 1894 publicó un folleto titulado "Cristo, tentado como nosotros":

"Pero dicen muchos que Cristo no fue tentado como nosotros, que él no estuvo en el mundo como lo estamos nosotros, que era divino, y por lo tanto, que no podemos vencer como él venció. Pero eso no es cierto: 'Porque ciertamente no tomó a los ángeles, sino a la simiente de Abraham tomó... Porque en cuanto él mismo padeció siendo tentado, es poderoso para socorrer a los que son tentados' [Heb. 2:16 y 18] Cristo conoce las pruebas de los pecadores; conoce sus tentaciones. Tomó sobre sí nuestra naturaleza" (p. 3 y 4).

Y si Cristo, tal como ella afirma a partir de la Biblia, fue tentado como lo somos nosotros, ¿a qué deducción se llega con ello? Sin duda debe querer decir ni más ni menos que lo que dice:

"El cristiano debe reconocer que no se debe a sí mismo... Sus más fuertes tentaciones vendrán desde dentro, ya que deberá batallar contra las inclinaciones del corazón natural. El Señor conoce nuestras debilidades... Todo conflicto contra el pecado... significa Cristo obrando en el corazón a través de sus agentes señalados. ¡Oh, si pudiéramos comprender lo que Jesús es para nosotros y lo que nosotros somos para él" (Id., p. 11).

En la página 32 de El Deseado de todas las gentes, expresó a los lectores de todo el mundo sus convicciones, escritas después de 1888. En ninguno de sus anteriores escritos había expresado la idea con tal fuerza y claridad:

"Habría sido una humillación casi infinita para el Hijo de Dios revestirse de la naturaleza humana, aun cuando Adán poseía la inocencia del Edén. Pero Jesús aceptó la humanidad cuando la especie se hallaba debilitada por cuatro mil años de pecado. Como cualquier hijo de Adán, aceptó los efectos de la gran ley de la herencia. Y la historia de sus antepasados terrenales demuestra cuáles eran aquellos efectos. Mas él vino con una herencia tal para compartir nuestras penas y tentaciones, y darnos el ejemplo de una vida sin pecado".

¿Tomó Cristo la naturaleza impecable de Adán antes de la caída [transgresión]? Fue "hecho de la simiente de David según la carne" (Rom. 1:3). No fue creado como una réplica de Adán -formado de nuevo del polvo de la tierra, con el soplo de vida insuflado en su nariz-. Fue "como cualquier hijo de Adán", aceptando "los efectos de la gran ley de la herencia". La gloriosa paradoja debe contemplarse siempre en su pureza y claridad:

"Vestido en la ropa de la humanidad, el Hijo de Dios bajó hasta el nivel de aquellos a quienes quería salvar. En él no hubo engaño ni pecado; siempre fue puro e incontaminado; sin embargo, tomó sobre sí nuestra naturaleza pecaminosa" (Review and Herald, 15 de diciembre de 1896).

Es manifiesto el énfasis en sus escritos, después de 1888. Por ejemplo:

"En nuestra propia fortaleza, nos es imposible negarnos a los clamores de nuestra naturaleza caída. Por su medio, Satanás nos presentará tentaciones. Cristo sabía que el enemigo se acercaría a todo ser humano para aprovecharse de las debilidades hereditarias y entrampar, mediante sus falsas insinuaciones, a todos aquellos que no confían en Dios. Y recorriendo el terreno que el hombre debe recorrer, nuestro Señor ha preparado el camino para que venzamos... No había en él nada que respondiera a los sofismas de Satanás. Él no consintió en pecar. Ni siquiera por un pensamiento cedió a la tentación. Así podemos hacer nosotros" (El Deseado de todas la gentes, p. 98 y 99).

"La tentación es resistida cuando el hombre es poderosamente influenciado a hacer una mala acción y, sabiendo que está en su posibilidad, resiste por fe, aferrándose firmemente al poder divino. Esa fue la penosa experiencia por la que Cristo pasó" (The Youth Instructor, 20 de julio de 1899).

"En ese conflicto la humanidad de Cristo fue puesta a prueba en forma tal que ninguno de nosotros comprenderá jamás... Las tales fueron tentaciones verdaderas, no artificiales... En su humanidad, el Hijo de Dios luchó con las mismísimas terribles y aparentemente abrumadoras tentaciones que asaltan al hombre: tentaciones a complacer el apetito, a aventurarse atrevidamente donde Dios no nos conduce, y a adorar el Dios de este mundo, a sacrificar una eternidad de bienaventuranza por los placeres fascinadores de esta vida" (Carta 116, 1899. Mensajes Selectos vol. I, p. 110-112).

El error resulta siempre divisivo. La verdad es unificadora. Jones y Waggoner estuvieron en perfecto acuerdo entre ellos en sus exposiciones de la justicia de Cristo. Es realmente sorprendente que dos hombres con temperamentos tan dispares pudiesen atravesar el laberinto de las trampas teológicas ocultas que aguardan a todo el que se entrega al estudio de esos temas, y sin embargo permanecieran en tal unidad vital. Ellos creían en la unidad, apelaron a la iglesia a mantenerse unida, y demostraron admirablemente su unidad, en la época en la que su mensaje fue el tema crítico que la iglesia afrontaba.

Su preocupación no era el desgranar matices teológicos, ni explayarse en dificultades semánticas. Por encima de todo eran mensajeros, reformadores, evangelistas, sintiendo la responsabilidad de llevar a término la obra de Dios en su generación. El objetivo de su teología era la preparación de un pueblo para el regreso del Señor. Obsérvese la exposición de Jones sobre la justicia de Cristo:

"Hecho como nosotros en todas las cosas, cuando él fue tentado, sintió justamente lo que sentimos al ser tentados nosotros, y lo conoce todo al respecto; y es así como puede auxiliar y salvar hasta lo último a todos aquellos que lo reciben. En cuanto a su carne, en cuanto a sí mismo en la carne, era tan débil como lo somos nosotros. Dijo: 'no puedo yo de mí mismo hacer nada' (Juan 5:30); así, cuando 'llevó él nuestras enfermedades y sufrió nuestros dolores' (Isa. 53:4), y fue tentado en todo como nosotros, sintiendo como sentimos nosotros, por su fe divina lo conquistó todo por el poder de Dios que esa fe le proporcionaba, y que en nuestra carne él nos ha proporcionado.

Por lo tanto, llamarás su nombre Emmanuel, que declarado es: 'Dios con nosotros'. No solamente Dios con Él, sino Dios con nosotros" (The Consecrated Way, p. 26).

Jones basó sus convicciones sobre la naturaleza de Cristo y su justicia, en las palabras de Jesús. Las mismas, en Juan 5:30, merecen una consideración cuidadosa, ya que frecuentemente son pasadas por alto:

No puedo yo de mí mismo hacer nada: como oigo, juzgo: y mi juicio es justo; porque no busco mi voluntad, más la voluntad del que me envió, del Padre.

¿Era correcto el razonamiento de Jones?

En esas palabras de Jesús radica la semilla de verdad a partir de la cual se desarrolló el imponente árbol del mensaje de 1888. Aquí el Señor descubre la lucha interna en su carne y en su alma, que da significado y relevancia al término "justicia de Cristo" en relación con las necesidades de la humanidad caída. Ahí se encuentra la base para la declaración de Waggoner anteriormente referida: "toda su vida fue de lucha" (Christ and His Righteousness, p. 27).

Jesús tenía que hacer constantemente algo que el impecable Adán jamás debió hacer: debía negar una voluntad interior ("mi voluntad") que estaba perpetuamente en potencial oposición con la voluntad de su Padre. Esa lucha llegó a un clímax en el Getsemaní, donde oró en agonía: "empero no como yo quiero, sino como tu" (Mat. 26:39). Una lucha interna tal solo es posible para Alguien que conocía "los clamores de nuestra naturaleza caída".

Vista en esa luz, la victoria de Cristo vino a ser para Jones y Waggoner como una gloriosa justicia dinámica, el fruto de una lucha y conflicto más bien que el concepto tradicional de algo pasivo, divinamente heredado, y con facilidad natural. Captemos los puntos clave de las exposiciones de Jones sobre la gloriosa justicia de Cristo:

"Si no tuviese la misma carne que aquellos a quienes vino a redimir, entonces de nada habría servido el haber sido hecho carne. Más que eso: puesto que la única carne que existe en este vasto mundo que él vino a redimir es precisamente la carne pobre, pecaminosa, perdida, la carne humana que posee todo hombre, si esa no fue la carne de la que él fue hecho, entonces él nunca vino verdaderamente al mundo necesitado de redención. Si vino en una naturaleza humana diferente a la que existe realmente en este mundo, entonces, a pesar de haber venido, para todo fin práctico de alcanzar y auxiliar al hombre, estuvo tan lejos de él como si nunca hubiera venido. De haber sido así, hubiera estado tan lejos en su naturaleza humana y habría sido tan de otro mundo como si nunca hubiera venido al nuestro" (The Consecrated Way, p. 35).

La fe de Roma en cuanto a la naturaleza humana de Cristo y de María, y a la nuestra, surge de esa noción de la mente natural, de que Dios es demasiado puro y santo como para morar con nosotros y en nosotros, en nuestra naturaleza humana pecaminosa; pecaminosos como somos, estamos demasiado alejados de él en su pureza y santidad como para que él venga a nosotros tal como somos.

La fe verdadera -la fe de Jesús- consiste en que, alejados como estamos de Dios en nuestra pecaminosidad, en nuestra naturaleza humana en la que él tomó, vino a nosotros allí donde estamos; que, infinitamente puro y santo como es él, y pecaminosos, degradados y perdidos como estamos, Él en Cristo, por el Espíritu Santo, quiso voluntariamente morar con nosotros y en nosotros, para salvarnos, purificarnos y hacernos santos.

La fe de Roma es que debemos necesariamente ser puros y santos a fin de que Dios pueda morar con nosotros.

La fe de Jesús es que Dios debe necesariamente morar con nosotros, a fin de que podamos ser puros y santos" (Id., p. 39).

Jones encuentra un gran significado en la frase "en la carne" (Rom. 8:3), en referencia con la carne de Cristo. Cristo condenó el pecado en su carne, y lo condenó así en toda carne. Jones vio en la palabra semejanza mucho más que un parecido superficial, que camuflaría en realidad la idea de diferencia:

"Solamente en ese sujetarse a sí mismo a las leyes de la herencia podía enfrentar al pecado en una medida plena y verídica de lo que el pecado es en realidad.

... En toda persona existe, en muchas maneras diferentes, la disposición a pecar, heredada de generaciones pasadas, no culminada todavía en el acto de pecar, pero siempre dispuesta, cuando la ocasión lo permite, a consumarse en la comisión real de pecados...

Esa disposición hereditaria al pecado debe ser afrontada y subyugada... esa tendencia hereditaria que hay en nosotros hacia el pecado...

Nuestra disposición fue puesta sobre él, cuando él fue hecho carne…

Así, él se enfrentó al pecado en la carne que tomó, y triunfó sobre él, como está escrito: 'Dios enviando a su Hijo en semejanza de carne de pecado, y a causa del pecado, condenó al pecado EN LA CARNE' [Rom. 8:3]" (Id., p. 40 y 41).

"Para guardarnos de pecar, su justicia nos es impartida en nuestra carne, lo mismo que nuestra carne, con su disposición al pecado, le fue impartida a él" (Id., p. 42).

Así, tanto por herencia como por imputación, fue cargado con 'el pecado del mundo'. Y lastrado de ese modo, con esa inmensa desventaja, pasó triunfalmente por el terreno en el que, sin ninguna sombra de lastre o desventaja, falló la primera pareja…

Y condenando el pecado en la carne, aboliendo la enemistad en su carne, él libra del poder de la ley de la herencia; y puede así, en toda justicia, impartir su divina naturaleza y poder para elevar por encima de esa ley, y mantener elevada por sobre ella a toda alma que lo recibe" (Id., p. 43).

Ahora sigue el poderoso llamado evangélico en el que E. White basó su declaración de que "ese es el mensaje que Dios ha encomendado que se de al mundo":

"Dios, enviando a su Hijo en semejanza de carne de pecado, Cristo tomando nuestra naturaleza como nuestra en su pecaminosidad y degeneración, y Dios morando constantemente con él y en él en esa naturaleza, en eso Dios demostró por siempre a todos que no hay alma en este mundo tan cargada de pecados o tan perdida, que Dios no se complazca en morar con y en él para salvarle de todo ello, y para conducirle en el camino de la justicia de Dios.

Así, ciertamente su nombre es Emmanuel, que significa 'Dios con nosotros'" (Id., p. 44).

Está bien claro que ese mensaje está basado enteramente en las Escrituras. Las mismas palabras de Jesús en los evangelios de Juan y Mateo, nos descubren la naturaleza de su propia lucha interna contra la tentación (Juan 5:30; 6:38 y Mat. 26:39). Tomó sobre sí una voluntad que tenía constantemente que ser negada a fin de seguir la voluntad de su Padre; y la intensidad de la lucha fue tal en Getsemaní, que sudó gotas de sangre. Pablo añade que se negó a sí mismo (Rom. 15:3).

Lo anterior explica cómo fue enviado "en semejanza de carne de pecado, y a causa del pecado, condenó al pecado en la carne" (Rom. 8:3). Pablo explica cómo nosotros "éramos siervos bajo los rudimentos (stoichea) del mundo. Mas...Dios envió su Hijo... hecho súbdito a la ley, para que redimiese a los que estaban debajo de la ley" (Gál. 4:3-5). Cristo fue enviado para resolver el problema del pecado allí donde éste radicaba, entrando en la esfera en la que esos poderes se habían atrincherado. Y habiendo invadido el territorio del enemigo, lo conquistó. Asumió la naturaleza humana caída que había sido invadida por los poderes del mal, y en territorio ocupado por el enemigo, ganó la victoria por nosotros. Ser "hecho súbdito a la ley" no puede significar de ningún modo ser súbdito de la ley judía ceremonial, ya que en ese caso sería a judíos literales a los únicos que hubiera venido a "redimir". "Súbdito a la ley" significa claramente la misma esfera que los "rudimentos del mundo" tal como los hemos conocido. Él conoció nuestro conflicto con la voluntad, y allí donde nosotros caemos, él venció.

Nos reconcilió "en el cuerpo de su carne, por medio de muerte". "Despojando los principados y las potestades, sacólos a la vergüenza en público, triunfando de ellos en sí mismo" (Col. 1:22 y 2:15).

El autor de Hebreos no escatima palabras para clarificar su significado. Solamente la maestría del enemigo en el engaño puede haber mantenido anublados esos conceptos inspirados durante casi dos mil años de historia:

Porque el que santifica y los que son santificados, de uno son todos: por lo cual no se avergüenza de llamarlos hermanos... Así que, por cuanto los hijos participaron de carne y sangre, él también participó de lo mismo... Porque ciertamente no tomó a los ángeles, sino a la simiente de Abraham tomó. Por lo cual, debía ser en todo semejante a los hermanos... Porque en cuanto él mismo padeció siendo tentado, es poderoso para socorrer a los que son tentados (Heb. 2:11-18).

Porque no tenemos un Pontífice que no se pueda compadecer de nuestras flaquezas; mas tentado en todo según nuestra semejanza, pero sin pecado. Lleguémonos pues confiadamente al trono de la gracia, para alcanzar misericordia, y hallar gracia para el oportuno socorro (Heb. 4:15 y 16).

Algunos han buscado un significado esotérico en una carta publicada de E. White, que supuestamente contradice el abundante énfasis del conjunto de sus dilatados escritos sobre el mensaje de la justicia de Cristo en semejanza de carne de pecado. Se trata de una advertencia dirigida a un oscuro evangelista de Nueva Zelanda a que fuera "extremadamente cauteloso" en cuanto a su forma de enseñar "la naturaleza humana de Cristo", en los siguientes términos:

"No lo presente ante la gente como un hombre con propensiones al pecado... En ningún momento hubo en él propensión alguna al mal...

Evite toda cuestión que se relacione con la humanidad de Cristo que pueda ser mal interpretada. La verdad y la suposición tienen no pocas similitudes. Al tratar de la humanidad de Cristo debe ser sumamente cuidadoso en cada afirmación, para que sus palabras no sean interpretadas haciéndoles decir más de lo que dicen, y así pierda u oscurezca la clara percepción de la humanidad de Cristo combinada con su divinidad...

Nunca deje, en forma alguna, la más leve impresión en las mentes humanas de que una mancha de corrupción o una inclinación a ella descansó sobre Cristo, o que en alguna manera se rindió a la corrupción...

En ninguna ocasión hubo una respuesta a las muchas tentaciones de Satanás. Cristo no pisó ni una vez el terreno de Satanás, para darle ventaja alguna. Satanás no halló en él nada que lo animara a avanzar" (Carta 8, 1895; Comentario Bíblico Adventista, vol. V, p. 1102 y 1103). [Nota: Traducción corregida. La carta fue dirigida al pastor Baker (y esposa), motivo por el cual se ha empleado la forma singular "usted", en lugar de la plural que usa la traducción castellana del Comentario Bíblico].

Importantes factores guían nuestra comprensión de ese Testimonio:

La cautela en relación con terminología descuidada, imprecisa o desordenada es una necesidad para todos nosotros. Ese es un tema vital que requiere exactitud en el empleo de las palabras inspiradas. Por ejemplo, no sería correcto decir que Cristo "tenía" una naturaleza pecaminosa, ya que esas palabras podrían fácilmente ser interpretadas "como diciendo más de lo que pretenden". La afirmación correcta es "Él tomó sobre su naturaleza sin pecado, nuestra naturaleza pecaminosa, a fin de que pudiese saber cómo socorrer a quienes son tentados" (E. White, The Medical Ministry, p. 181).

La carta quiere decir exactamente lo que dice en su contexto. Pero no hay razón para tergiversarlo sacándolo de su contexto, para convertirlo en una condenación del mensaje de 1888 enseñado por Jones y Waggoner. De hecho, su autor dice virtualmente a W.L.H. Baker que estaría seguro si siguiese el ejemplo de Jones y Waggoner y permaneciese en las ajustadas y precisamente definidas expresiones de ellos. El que E. White y Waggoner empleasen terminología y sintaxis casi idéntica durante aproximadamente los siete años anteriores, evidencia lo dicho.

Comparemos declaraciones paralelas de uno y otro, a propósito de la batalla de Cristo en la carne, ante la tentación, y su perfecta victoria:

Su humanidad solamente veló su naturaleza divina, que fue más que capaz de resistir exitosamente las pasiones pecaminosas de la carne. Toda su vida fue de lucha. La carne, impulsada por el enemigo de toda justicia, atraería hacia el pecado, sin embargo su naturaleza divina, ni por un momento albergó un deseo impío, ni siquiera por un instante vaciló su poder divino... Volvió al trono del Padre tan inmaculado como al dejar las cortes gloriosas. (Waggoner, Signs, 21/1/1889)

Jesucristo era el unigénito Hijo de Dios. Tomó sobre sí mismo la naturaleza humana, y fue tentado en todas las cosas como la naturaleza humana lo es. Pudo haber pecado, pudo haber caído, pero ni por un momento hubo en él una propensión al mal... Nunca, de ningún modo, deje la más mínima impresión en las mentes humanas, de que en Cristo hubiera ni una mancha o inclinación a la corrupción, o que hubiese cedido a ella de algún modo...

Ni en una sola ocasión hubo una respuesta a sus [de Satanás] multiformes tentaciones. Ni por una sola vez caminó Cristo en el terreno de Satanás. (E. White, Carta 8, 1895)

La idea de que E. White hubiera podido escribir esa carta a Baker como una forma indirecta de corregir a Waggoner y Jones es disparatada para cuantos conocen el carácter franco y directo de ésta. E. White sabía bien cómo dirigirse a ellos en caso de haber querido corregirles en su enseñanza. En ninguna comunicación escrita hay evidencia de tal cosa.

Nunca, a lo largo de su vida, intentó publicar esa carta. De hecho, no se ha publicado hasta 1950. Muy difícilmente habría obrado así, de haber considerado que la enseñanza de Jones y Waggoner había extraviado a la iglesia mundial.

Prescott había estado visitando Australia poco tiempo antes de que fuese escrita la carta a Baker, y había predicado con claridad en las reuniones campestres de Armadale, en octubre, reuniones a las que E. White asistió. Su comprensión de la naturaleza de Cristo era virtualmente idéntica a la de Jones y Waggoner.

Dijo E. White, a propósito de los sermones de Prescott:

"Se predicó a Cristo en todo sermón, y a medida que las grandes y misteriosas verdades en relación con su presencia y obra en los corazones humanos se iban haciendo diáfanas... una luz convincente y gloriosa... trajo convicción a muchos corazones. Las personas dijeron con solemnidad 'Esta noche hemos oído la verdad'.

Por la tarde, el profesor Prescott nos dio una lección valiosa, preciosa como el oro... Se separó la verdad del error, y por el Espíritu divino se la hizo brillar cual joya reluciente...

El Señor está trabajando por medio de sus siervos, quienes proclaman la verdad, y ha dado al hermano Prescott un mensaje especial para el pueblo. Labios humanos pronuncian la verdad en demostración del Espíritu y poder de Dios" (Review and Herald, 7 de enero de 1896).

Jones y Waggoner no presentaron nunca ante la gente a Cristo como un hombre con propensiones al pecado. El diccionario de inglés de Oxford explica la etimología de "propensión" a partir de la voz latina propendere: "pender o inclinarse hacia adelante o hacia abajo". Nuestra palabra "péndulo" se origina de la misma raíz. El término propensión implica una "respuesta a la gravedad". Connota definidamente acción, más bien que resistencia. Significa una participación real en el pecado. E. White utilizó esa palabra en un ejercicio de exquisita corrección lingüística.

No es correcto igualar las propensiones al pecado con el hecho de que Cristo tomase nuestra naturaleza pecaminosa sobre su naturaleza impecable.

Si bien somos "nacidos con propensiones inherentes a la desobediencia" (E. White, en Comentario Bíblico Adventista, vol. V, p. 1102) como pecadores, y por lo tanto, tenemos propensiones al mal, no es menos cierto que "no debemos retener una sola propensión pecaminosa" (Id., vol. VII, p. 954), a pesar de conservar una naturaleza pecaminosa. E. White no equiparó las "propensiones al mal" con las "tendencias" o "inclinaciones" que tiene nuestra carne "como resultado de la obra de la gran ley de la herencia", y que Cristo tomó sobre sí en su batalla con la tentación, de igual forma a como debemos pelearla nosotros. Declaró que Cristo debió "resistir la inclinación" (Id., p. 941).

Aunque ciertos diccionarios no teológicos equiparan propensiones con inclinaciones, las raíces etimológicas son distintas, y en el caso de inclinaciones se significa especialmente el hecho de "sentir que se ejerce una gran presión sobre uno", sin implicar necesariamente una respuesta. Verdaderamente hay razón para ser cuidadosos, extremadamente cuidadosos.

En todo caso, hubo tensión y se suscitaron cuestiones en la era de 1888, algunas de las cuales contribuyeron a obstaculizar la aceptación del mensaje salvífico de la gracia. Veamos la consideración que da Jones a una de esas cuestiones:

"En Jesucristo encontramos a aquel cuya santidad es fuego consumidor para con el pecado... la pureza consumidora de esa santidad eliminará todo vestigio de pecado y pecaminosidad en todo aquel que encuentre a Dios en Jesucristo.

Así, en su verdadera santidad, Cristo pudo venir, y vino a los hombres pecadores, en carne pecaminosa, allí donde están los hombres pecadores...

Algunos han encontrado en los Testimonios -y está al alcance de todo quien la busque- la declaración de que Cristo no poseía "pasiones semejantes" a las que nosotros tenemos. La declaración está ahí, todos lo pueden constatar (Testimonies for the Church, vol. II, p. 509). No habrá problema para nadie, de principio a fin, con la condición de ajustarse con rigor a lo allí expresado, sin pretender ir más allá, ni proyectar significados ajenos" (General Conference Bulletin, 1895, p. 312).

"Volviendo al asunto de que Cristo no tuviese 'pasiones semejantes' a las nuestras, vemos que a todo lo largo de las Escrituras él es como nosotros, y con nosotros según la carne... Fue hecho en semejanza de carne de pecado. Pero no vayamos demasiado lejos: fue hecho en semejanza de carne de pecado, no en semejanza de mente de pecado. No forcemos hasta ahí su mente. Su carne fue nuestra carne, pero la mente era 'la mente... que tuvo Cristo Jesús'... (Fil. 2:5 KJV) Si él hubiese tomado nuestra mente, ¿cómo podría entonces habernos exhortado a tener la mente de Cristo'? ¡Ya la habríamos tenido anteriormente!" (Id., p. 327).

Es evidente para toda mente libre de prejuicios, que lo que Jones estaba haciendo era sencillamente afirmar que Cristo "ni siquiera por un momento" cedió o consintió en la participación en el pecado. Empleó la palabra "mente" en la más noble connotación paulina, esto es, la de un propósito o elección.

Hemos de ser capaces de mirar por encima de la confusión originada por las controversias de nuestros días, para poder apreciar el sencillo encanto del mensaje de 1888 en su original belleza.

Algunas noches, tras asistir a las reuniones de reavivamiento mantenidas posteriormente a Minneapolis, E. White sentía un gozo tal, que era incapaz de conciliar el sueño. El Espíritu Santo estaba trabajando en los corazones de los jóvenes del Colegio, por medio de las exposiciones de la justicia de Cristo:

"En el Colegio hubo reuniones que fueron de un intenso interés [si la justificación por la fe no resulta interesante, ¡algo falla!]... la vida cristiana, que les había parecido antes poco atractiva y llena de inconsistencias, aparecía ahora en su verdadera luz, en marcada simetría y belleza. Aquel que les había parecido anteriormente como una raíz muerta extraída de un secadal, sin forma ni encanto, se hizo el 'señalado entre diez mil', y 'todo él deseable'" (Review and Herald, 12 de febrero de 1889).

Concluyendo su presentación de la justicia de Cristo "en semejanza de carne de pecado", Waggoner dirige este poderoso llamamiento al corazón:

"Pero alguien dirá: 'no veo en ello nada reconfortante para mí. Ciertamente dispongo de un ejemplo, pero no soy capaz de seguirlo, ya que carezco del poder que Cristo tenía. Él continuó siendo Dios mientras estuvo en la tierra; yo no soy más que un hombre'. Sí, pero puedes tener el mismo poder que él tenía, si así lo deseas. Él 'llevó nuestras enfermedades', sin embargo, 'no pecó'...

Por lo tanto, cobren ánimo las almas débiles, cansadas, oprimidas por el pecado. Que se lleguen 'confiadamente al trono de la gracia' [Heb. 4:16] donde pueden tener la seguridad de encontrar gracia para el oportuno socorro en tiempo de necesidad, porque esa necesidad es sentida por nuestro Salvador, precisamente en el tiempo oportuno. Él se puede 'compadecer de nuestras flaquezas' (Heb. 4:15)" (Christ and His Righteousness, p. 29).

¡Ciertamente, también hoy debiéramos sentir la "necesidad de presentar a Cristo como al Salvador que no está alejado, sino cercano, a la mano"!

Capítulo 6—La Suerte de los Mensajeros no Invalida el Mensaje

Cuando uno empieza a comprender el significado del mensaje de 1888 como comienzo de la lluvia tardía y fuerte pregón, surge de inmediato un motivo de perplejidad: ¿qué pasó con los mensajeros?

Tanto Jones como Waggoner se vieron implicados en serios problemas en sus últimos años, y muchos han asumido irreflexivamente que eso demuestra que el mensaje en sí mismo no era válido. Jones, si bien sin abandonar nunca el mensaje adventista, se separó de la iglesia, en gran parte debido a problemas personales con sus hermanos. Waggoner siguió siendo cristiano hasta el final, pero sufrió un trágico fracaso moral en su vida privada familiar y resultó atrapado en el error panteísta.

Los que se oponen al mensaje de 1888 se han justificado intentando aplicar las palabras de Jesús a los mensajeros: "Por sus frutos los conoceréis. ¿Cógense uvas de los espinos, o higos de los abrojos? Así, todo buen árbol lleva buenos frutos; mas el árbol maleado lleva malos frutos" (Mat. 7:16 y 17). La aplicación superficial de esas palabras a Jones y Waggoner ha contribuido al rechazo de su mensaje durante décadas, por parte de muchos. Y ese razonamiento ha parecido lógico.

Sin embargo, la pluma inspirada declaró enfáticamente que la aplicación de ese razonamiento al caso de Jones y Waggoner no solamente no es correcta, sino que de hecho es "un engaño fatal". Hay un hecho importante y singular que no debe escapar a nuestra consideración: Rechazar el mensaje de Jones y Waggoner basándose en los problemas posteriores de éstos, es lo mismo que rechazar el mensaje adventista por haber tropezado con un miembro de iglesia que a la postre se mostró indigno de ese mensaje. De hecho, mucha gente rechaza el verdadero mensaje por razones subjetivas de ese tipo, no sin grave pérdida. Volviendo al tema que nos ocupa, si rechazamos el mensaje de 1888 por esa razón, estamos en realidad posponiendo indefinidamente la bendición de la lluvia tardía y el fuerte pregón.

Uno querría que Jones y Waggoner hubiesen podido terminar con honra sus vidas. De haber sucedido así, nadie encontraría hoy "perchas" donde colgar sus dudas respecto del mensaje. Tras la historia de los pasados 90 años, ¡seríamos impelidos a creer! Sus fracasos tardíos personales constituyen el gran chasco de

1888, de igual forma que el 22 de octubre de 1844 lo es al inicio de la historia de nuestro movimiento.

Ambos resultan embarazosos, y los dos demandan análisis inteligente, a fin de evitar caer en errores graves. Parece como si el mismo Señor hubiese permitido ambos eventos a modo de prueba de fuego y piedra de tropiezo para todo el que se entregó a la búsqueda de excusas para rechazar la verdad.

Éstas son algunas de las razones por las que es un "engaño fatal" el rechazar, o incluso valorar con ligereza el mensaje de 1888, evocando la debilidad de los propios mensajeros:

Los errores y desviaciones posteriores de Jones y Waggoner no se deben a ninguna imperfección inherente al mensaje mismo. En fecha tan temprana como 1892, E. White predijo la posibilidad del posterior fracaso de éstos, y aclaró que si ocurría ese triste desenlace, de ninguna forma afectaría a la validez del mensaje:

"Es muy posible que los pastores Jones y Waggoner puedan ser derrotados por las tentaciones del enemigo; pero de ocurrir así, eso no probaría que no habían recibido el mensaje de Dios, ni que toda su obra hubiese sido un error" (Carta S-24, 1892).

"Si los mensajeros, tras haber permanecido valientemente por la verdad durante un tiempo, cayeran bajo la tentación y deshonraran a Aquel que les había encomendado su obra, ¿probaría eso que el mensaje no era verdadero? No... El pecado -por parte de los mensajeros de Dios- haría alegrar a Satanás, y triunfarían quienes rechazaron mensaje y mensajeros. Pero eso en ningún modo exculparía a los responsables del rechazo del mensaje de Dios" (Carta O-19, 1892).

Pero ¿qué pudo hacer que Jones y Waggoner perdiesen el rumbo? Si no fue ningún defecto inherente al mensaje, y si verdaderamente el Señor les confió un mensaje tan precioso -el comienzo de la lluvia tardía-, ¿cuál debió ser la intensidad de la influencia o tentación capaz de vencerlos? El siguiente punto arroja luz sobre esa razonable pregunta.

Jones y Waggoner se vieron forzados a padecer "persecución anticristiana" de parte de sus hermanos, quienes los sometieron a presiones que nadie había sido llamado a soportar con anterioridad:

"Quisiera que todos pudieran ver que el mismo espíritu que rechazó a Cristo, la luz que iba a disipar las tinieblas morales, está lejos de haber desaparecido en esta época...

Algunos pueden decir 'yo no aborrezco a mi hermano, no soy tan malo como eso'. Pero ¡qué poco conocen sus propios corazones! Pueden pensar que manifiestan el celo de Dios en sus sentimientos hacia sus hermanos cuando las ideas de estos parecen estar de algún modo en conflicto con las suyas; afloran entonces sentimientos que nada tienen que ver con el amor... Pueden estar en oposición hacia sus hermanos, y no obstante, estar trayendo un mensaje de Dios al pueblo [Jones y Waggoner], precisamente la luz que necesitamos para este tiempo...

[Los que se oponen al mensaje] Dan un paso tras otro en la dirección equivocada hasta que parece no haber otra salida que no sea continuar por ahí, convencidos de que su sentimiento de amargura contra sus hermanos está justificado. ¿Soportará el mensajero del Señor la presión ejercida contra él? Si es así, es porque el Señor le ordena permanecer en Su fuerza, y vindicar la verdad que Dios le envía...

Siento gran pesar de corazón al ver la facilidad con la que se critica una palabra o acción de los pastores Jones o Waggoner. Cuán rápidamente olvidan muchas mentes todo el bien que ellos han hecho en los años del pasado reciente, y no ven evidencia de que Dios esté trabajando a través de esos instrumentos. Van a la caza de algo que condenar, y su actitud hacia esos hermanos que están comprometidos con celo en la práctica de una buena obra demuestra que su corazón alberga sentimientos de enemistad y amargura... Dejad de acechar a vuestros hermanos con sospechas" (Carta O-19, 1892).

Considérese la situación de Jones y Waggoner: era singular, sin parangón en la historia sagrada:

- Sabían que su mensaje había venido del Señor.

- Sabían que era el comienzo de la lluvia tardía.

- Sabían que habían seguido la dirección del Señor al proclamarlo bajo las circunstancias en que lo hicieron.

- Sintieron con agudeza lo que E. White describió como "odio", "condenación", "amargura" y "rechazo" de parte de sus hermanos en la fe. Las anteriores son expresiones literales de ella misma, y la fecha de las cartas antes mencionadas indica que esos dolorosos sentimientos negativos de parte de sus hermanos continuaron después de las confesiones y arrepentimiento con lágrimas expresados por sus hermanos opositores entre 1890 y 1901 (ver Through Crisis to Victory 1888-1901, p. 82-114). La pluma inspirada desvela ante nosotros que esos "confesores" continuaron en su oposición, incapaces de evitar recaer nuevamente en el rechazo al mensaje, tal como habían hecho en la Asamblea de 1888. (Ver artículo editorial de Uriah Smith en Review and Herald -el 10 de mayo de 1892- oponiéndose a Waggoner, y artículos posteriores en ese año oponiéndose a Jones; E. White, Carta S-24, 1892 y Carta del 9 de enero de 1893, así como Testimonios tan tardíos como de 1897, confirmando que la oposición continuaba).

En comparación con Jones y Waggoner, Lutero soportó una prueba relativamente fácil cuando enfrentó la virulenta oposición del papado y de la jerarquía católica hacia su mensaje. Cierto, el odio que éste debió sufrir revistió un carácter abierto y violento, tanto en el sentido dialéctico como en el físico. Pero lo que permitió a Lutero "soportar la presión que se ejerció contra él" (tomando prestada la frase que E. White aplicó a Jones y Waggoner) fue su comprensión del claro mensaje profético de Daniel y Apocalipsis. Lutero reconoció a Roma como la "bestia", el "cuerno pequeño", la "ramera". De ese modo, la misteriosa oposición a la que tenía que hacer frente, a la luz de la Palabra de Dios resultaba explicable y justificada.

Pero los mensajeros del Señor en 1888, carecían de una tal explicación bíblica que les ayudase a soportar la presión ejercida en su contra. Ellos creían firmemente que la Iglesia Adventista del Séptimo Día era la verdadera iglesia remanente de la profecía bíblica. Tenían confianza en los principios de organización que acreditaban a la Asociación General como la máxima autoridad bajo la dirección de Dios. Reconocían en sus hermanos a los líderes divinamente escogidos para llevar a cabo la obra. Sabían que las inteligencias celestiales vigilaban con profundo interés el desarrollo del drama.

Ambos se implicaron en la defensa nacional de la libertad religiosa cuando el Congreso de los Estados Unidos estuvo a punto de promulgar una ley dominical, tal como no había nunca antes pasado en la historia de América -una evidencia inconfundible de que el mundo había alcanzado la situación propicia para la proclamación del fuerte pregón con poder hasta entonces desconocido-. Y sabían que su generación estaba viviendo en el tiempo de la purificación del santuario, del juicio investigador, momento en el que de ninguna forma debía repetirse la ceguera espiritual de generaciones precedentes.

Y sin embargo, para su asombro, ¡nunca antes había registrado la historia un fracaso más vergonzoso por parte del pueblo de Dios para reconocer la inmensa oportunidad escatológica! Aparecía como un rechazo e incredulidad sin precedentes, por parte del Israel actual. Precisamente en el momento en que los corazones de los propios mensajeros fueron estremecidos por el más profundo amor inspirado por Dios, cual nunca antes hubiesen conocido, vinieron a encontrar un odio glacial de parte de sus hermanos a quienes el Señor llamaba a unirse con ellos en la misión.

A Jones y Waggoner les pareció el fracaso final y completo del plan de Dios. ¿Qué podían esperar más allá? Era una experiencia desconcertante.

Es significativa la fecha de las cartas de E. White antes mencionadas, por cuanto Waggoner fue enviado a Inglaterra en 1892, en condiciones de privación extrema. Un año antes E. White había sido enviada a Australia sin "luz por parte del Señor" de que fuese Su voluntad el envío de ésta a otro destino diferente de aquel al que fuera previamente llamada por la Asociación General. De esa manera quedó desarticulado el trío que proclamaba el mensaje de la justicia de Cristo en reuniones campestres, iglesias, seminarios y convenciones de obreros, así como en la obra personal. Jones y Waggoner tendrían que haber sido más que humanos para no sentir eso como una bofetada en la cara, y como el rechazo de su obra y mensaje especiales.

E. White resumió el impacto global de su reacción como virtual "persecución":

"Deberíamos ser los últimos en el mundo, en ceder en el más mínimo grado al espíritu de persecución contra aquellos que están llevando el mensaje de Dios al mundo. Lo que se ha manifestado entre nosotros desde el encuentro de Minneapolis, es la peor clase de espíritu anticristiano. Algún día se lo verá en su verdadera magnitud, con todo el peso de horror resultante" (General Conference Bulletin, 1893, p. 184).

Es muy fácil hoy para nosotros sentenciar que los mensajeros debieron haber soportado la presión ejercida en su contra:

"¿Soportará el mensajero del Señor la presión ejercida contra él? Si es así, es porque el Señor le ordena permanecer en Su fuerza, y vindicar la verdad que Dios le envía..." (Carta 0-19, 1892).

Pero la sabiduría infinita de Dios previó que la vindicación de la verdad no iba a basarse en evidencias subjetivas por parte de los mensajeros a quienes había sido encomendada. Decididamente ha sido su voluntad que la actual generación evalúe el mensaje basándose estrictamente en la evidencia inherente al mensaje mismo, sin la colaboración de factores que superficialmente constituirían la evidencia subjetiva decisoria. Nuestra generación debe evaluar el mensaje de 1888 de la misma manera en que éste fue presentado a aquella generación: con la inclusión de la piedra de tropiezo de las personalidades humanas defectuosas a modo de percha, provista a fin de que aquellos que secretamente abrigan incredulidad, puedan colgar allí sus dudas. No hay mejor forma en la que la fe pueda desarrollarse hasta su perfección. Nuestra obra hoy es vencer plenamente allí donde esa generación fracasó.

E. White atribuye "en gran medida" el fracaso de Jones y Waggoner a una razón bien distinta de la que atribuyó regularmente a los apóstatas:

"No es la inspiración celestial la que hace que uno se entregue a las sospechas, acechando la ocasión y esperando con ansia el momento de poder probar que aquellos hermanos que difieren de nosotros en alguna interpretación de la Escritura no están sanamente fundados en la fe. Hay peligro de que esa forma de actuar venga a producir justamente los resultados que se habían supuesto; y en gran medida la culpabilidad recaerá en aquellos que están al acecho del mal…

La oposición en nuestras filas ha impuesto a los mensajeros del Señor [Jones y Waggoner] un trabajo extenuante y que pone a prueba el alma, ya que han debido enfrentar dificultades y obstáculos que nunca debieron existir…

El amor y la confianza constituyen una fuerza moral que debiera haber unido nuestras iglesias, asegurando armonía de acción; pero la desconfianza y la frialdad han traído la desunión que nos ha privado de la fuerza" (Carta, 6 de enero de 1893; General Conference Bulletin, 1893, p. 419).

Cuando los apóstatas dejan la membresía del pueblo de Dios, abandonando las doctrinas que una vez sostuvieron, nuestro veredicto suele ser "salieron de nosotros, mas no eran de nosotros; porque si fueran de nosotros, hubieran cierto permanecido con nosotros; pero salieron para que se manifestase que todos no son de nosotros" (1 Juan 2:19). Pero la evidencia no apoya tal deducción en el caso de Jones y Waggoner. Eran de nosotros, puesto que Dios les encomendó el tan precioso mensaje. Pero somos responsables en gran medida, ya que el modo en que los juzgamos, desprovisto de caridad, vino a producir el mismo resultado objeto de la sospecha.

El que nos permitamos en nuestros días albergar prejuicio u oposición al mensaje de 1888 en razón del fracaso de los mensajeros, supone haber entrado en "un engaño fatal".

"Es muy posible que los pastores Jones y Waggoner puedan ser derrotados por las tentaciones del enemigo; pero de ocurrir así, eso no probaría que no habían recibido el mensaje de Dios, ni que toda su obra hubiese sido un error. Pero si eso sucediera, cuántos tomarían esta posición, entregándose a un engaño fatal a causa de no estar bajo el control del Espíritu de Dios... Sé que esa es precisamente la posición que muchos tomarían si alguno de estos cayera finalmente, y oro para que los hombres sobre los que Dios ha puesto la carga de una obra solemne sean capaces de dar a la trompeta un sonido certero y honrar a Dios a cada paso y que su camino, en todo momento, pueda iluminarse más y más hasta el fin del tiempo" (Carta S-24, 1892).

Lamentablemente, la oración de E. White no fue contestada de acuerdo con sus deseos. Satanás se alegró, y triunfaron aquellos que rechazaron el mensaje y al mensajero. Muchos han entrado por décadas en ese "engaño fatal", sintiéndose justificados en su negligencia y oposición a esos elementos de la verdad que por designio divino constituyen el comienzo de la lluvia tardía y el fuerte pregón.

Ha llegado ahora el momento de una valoración más objetiva de la evidencia, para que "el tiempo no sea más... y el misterio de Dios sea consumado" en ésta, nuestra generación.

Capítulo 7—La justificación por la fe, en el mensaje de 1888

El poder desbordante de las buenas nuevas

Si el mensaje fue "el comienzo" del fuerte clamor y "aguaceros celestiales de lluvia tardía", la lógica nos obliga a reconocer que debió consistir en una revelación más clara de la verdad, de la que hubiese comprendido cualquier generación previa del pueblo de Dios, desde que la lluvia temprana fuera derramada en Pentecostés. Eso nos deja sin aliento. Analicemos los hechos.

Hablando en la década del año 1888, y en el contexto inequívoco del mensaje predicado por Jones y Waggoner, E. White dijo:

"En la Palabra de Dios hay grandes verdades que han permanecido sin ser vistas ni oídas desde el día de Pentecostés, que deben brillar en su pureza primitiva. El Espíritu Santo revelará a aquellos que aman verdaderamente a Dios, verdades que se han eclipsado de la mente, y revelará también verdades que son enteramente nuevas" (Fundamentals of Christian Education, p. 473).

¿Cómo podría ser la justificación por la fe de 1888 una mera re-enfatización de los conceptos del siglo XVI, por importantes que fueran para su generación las doctrinas de los Reformadores? E. White dijo que el mensaje de la justicia por la fe - de 1888- era "el mensaje del tercer ángel en verdad" (Review and Herald, 1 de abril de 1890). Si no era más que lo enseñado por Lutero, entonces el apóstata L.R. Conradi habría tenido razón al afirmar que Lutero enseñó en sus días el mensaje del tercer ángel, y por lo tanto, no hay razón para la existencia de la Iglesia Adventista del Séptimo Día (Conradi, The Founders of the Seventh Day Adventist Denomination, p. 60-62).

Si nuestro mensaje de la justificación por la fe es el mismo que proclaman teólogos y evangelistas de las iglesias guardadoras del domingo, entonces el asunto adquiere grave trascendencia: ¿Cuál es la razón de existir de la Iglesia Adventista del Séptimo Día? ¿No tiene ésta contribución distinta que hacer en relación con el evangelio? ¿Acaso sea quizá nuestra contribución "las obras"? ¿Dispuso quizá el Señor que las iglesias populares prediquen el evangelio, y la Iglesia Adventista la ley?

O, en el mejor de los casos, ¿es nuestra Iglesia un competidor más en la carrera del Evangelio, una voz de "yo también", ofreciendo virtualmente la misma mercancía, como en las actuales competiciones automovilísticas, en las que los vehículos son prácticamente idénticos, excepto por el nombre del patrocinador? A la luz de la afirmación hecha por E. White sobre "el mensaje del tercer ángel en verdad", es evidente que el mensaje de 1888 debe consistir en algo singular que lo distingue de las ideas populares de los evangélicos. Estos últimos todavía no han comprendido el mensaje. Después de todo, aun no lo hemos proclamado en su plenitud.

Jones y Waggoner reconocieron dos fases en el don único de la justificación efectuado en la cruz de Cristo:

1. Forense, judicial o legal, hecha en favor de todos los hombres y realizada enteramente fuera de nosotros, y:

2. Una transformación efectiva del corazón en aquellos que creen, y que experimentan así la justificación por la fe.

E. White se gozó en la singularidad de ese mensaje, reconociendo que iba mucho más allá de los conceptos de los reformadores o de sus contemporáneos cristianos:

"En su gran misericordia el Señor envió un preciosísimo mensaje a su pueblo por medio de los pastores Waggoner y Jones... Presentaba la justificación por la fe en el Garante; invitaba a la gente a recibir la justicia de Cristo, que se manifiesta en la obediencia a todos los mandamientos de Dios... Este es el mensaje que Dios ordenó que fuera dado al mundo. Es el mensaje del tercer ángel, que ha de ser proclamado en alta voz y acompañado por el abundante derramamiento de su Espíritu" (Testimonios para los Ministros, p. 91 y 92).

Esas palabras carecerían de sentido si los mensajeros no hubieran avanzado en la luz, mediante su maravilloso descubrimiento de que la justificación por la fe es más que una declaración de absolución por los "pecados pasados" (la comprensión común evangélica, y también adventista). El corazón que estaba en rebeldía contra Dios, resulta reconciliado, convirtiendo así al creyente en obediente a todos sus mandamientos. Esa refrescante faceta de la verdad es la que alegró tan grandemente el corazón de E. White. Los que en nuestros días se oponen al mensaje de Jones y Waggoner, se esfuerzan por argumentar que no hay nada singular en el mismo. Veamos lo que Waggoner publicó muy poco después de 1888:

"Es evidente la pertinencia de... la declaración [de Pablo] de que 'los hacedores de la ley serán justificados' (Rom. 2:13). Justificar significa hacer justo, o mostrar que alguien es justo...

Los actos realizados por una persona pecadora carecen de valor a efectos de hacerlo justo; más bien al contrario, teniendo su origen en un corazón impío, son actos impíos, añadiéndose así a la cuenta de su impiedad. Solamente el mal puede brotar de un corazón malvado, y la multiplicación de males no puede dar por resultado ni un solo acto bueno; por lo tanto de nada vale a una persona impía el pensar en hacerse justa por sus propios esfuerzos. Debe ser hecho justo antes de poder obrar el bien de él requerido, y que él desea hacer...

El apóstol Pablo, habiendo demostrado que todos pecaron y están destituidos de la gloria de Dios (Rom. 3:23), de manera que por las obras de la ley ninguna carne será justificada ante él (Gál. 2:16), declara que somos 'justificados [hechos justos] gratuitamente por su gracia...' (Rom. 3:24)...

Es cierto que Dios de ninguna manera tendrá por inocente al culpable; no podría hacerlo y seguir siendo un Dios justo. Pero hace algo muchísimo mejor: quita la culpa, de tal suerte que quien había sido culpable no precisa ya ser absuelto: es justificado y considerado como si nunca hubiese pecado...

El serle quitadas las vestiduras viles [en Zac. 3:1-5] significa hacer pasar la iniquidad de la persona. Y vemos así que cuando Cristo nos cubre con el manto de su propia justicia, no provee un capote para el pecado, sino que quita el pecado. Y eso muestra que el perdón del pecado es más que una simple formalidad, más que simplemente entrar en los registros de los libros del cielo a efectos de cancelar el pecado... Realmente lo limpia de culpa; y si es libre de culpa está justificado, hecho justo, ciertamente ha experimentado un cambio radical... y así el perdón pleno y gratuito de los pecados contiene en sí mismo ese maravilloso y milagroso cambio conocido como el nuevo nacimiento... es tener un corazón nuevo, limpio...

Una vez más, ¿qué es lo que trae la justificación o perdón de los pecados? Es la fe... Ese mismo ejercicio de la fe hace de la persona un hijo de Dios" (Christ and His Righteousness, p. 48-63. Corchetes figuran en el original).

A.T. Jones estaba en completo acuerdo:

"Justificación por la fe es justicia por la fe, ya que justificación es el ser declarado justo... justificación por la fe, por tanto, es justificación que viene por la palabra divina... La palabra de Dios lleva en sí misma su cumplimiento... La palabra de Dios pronunciada por Jesucristo, es poderosa para llamar a la existencia aquello que no existía antes de ser emitida...

En la vida del hombre no hay justicia... Pero Dios ha establecido a Cristo para declarar justicia a y sobre el hombre. Cristo ha 'pronunciado la palabra solamente', y en la vacía oscuridad de la vida del hombre aparece la justicia para todo aquel que la reciba... La palabra de Dios recibida por la fe... produce justicia en el hombre y en la vida de quien jamás la tuvo anteriormente: precisamente como en la creación del Génesis...

'Justificados [hechos justos] pues por la fe [confiando y dependiendo solamente de la palabra de Dios], tenemos paz para con Dios, por medio de nuestro Señor Jesucristo' (Rom. 5:1)" (Review and Herald, 17 de enero de 1899. Corchetes figuran en el original).

"El hombre no debe simplemente convertirse en justo por la fe -dependiendo de la palabra de Dios- sino que debe ser justo, debe vivir por la fe. Es precisamente en esa misma forma como vive el hombre justo y es así precisamente como se convierte en justo" (Id., 7 de marzo de 1899).

"Ahí está la palabra de Dios, la palabra de justicia, la palabra de vida, para ti ahora, 'hoy'. ¿Serás hecho justo por ella ahora? ¿Vivirás por ella hoy? Eso es justificación por la fe. Eso es justicia por la fe. Es lo más sencillo del mundo" (Id., 10 de noviembre de 1896).

Se impone inmediatamente la siguiente reflexión: ¿Estaban en lo cierto los mensajeros de 1888 al afirmar repetida y enfáticamente que la justificación por la fe "hace justo"? ¿O constituye quizá un resurgir del viejo concepto católico romano de una justificación por la fe que es en realidad una justificación por las obras disfrazada? Algunos sostienen que es imposible que el creyente se vuelva o sea hecho justo; según ellos, simplemente se le declara justo -cuando de hecho no lo es-. La enseñanza de que la justificación por la fe significa ser hecho justo por la fe, se ha pretendido identificar como la insignia del catolicismo romano.

Sin embargo, es eso lo que E. White apoyó como "mensaje del tercer ángel en verdad", el centro mismo del mensaje de 1888. Si eso es romanismo disfrazado, entonces E. White estaba desinformada, era una incauta entusiasta, y la Iglesia Adventista debe permanecer en un estado de trágica confusión.

E. White discernió en ese mensaje un elemento único:

"Presentaba la justificación por la fe en el Garante; invitaba a la gente a recibir la justicia de Cristo, que se manifiesta en la obediencia a todos los mandamientos de Dios... Por eso Dios entregó a sus siervos un testimonio que presentaba con contornos claros y distintos la verdad como es en Jesús, que es el mensaje del tercer ángel... Presenta la ley y el evangelio, vinculando ambas cosas en un conjunto perfecto" (Testimonios para los Ministros, p. 91 y 92. Original sin cursivas).

El concepto de Jones y Waggoner de la justificación por la fe en tanto que "hacer justo", no era la idea católica de una justicia infusa vertida en el "santo", creando un mérito intrínseco en la persona misma, de manera que los continuos actos de pecado dejarían de ser pecaminosos en virtud del mérito personal del receptor. La noción católica romana (ampliamente sostenida también por otros) es que el pecado deja de ser pecaminoso en el "santo". Una vez que se ha producido la justificación sacramental (o legal), la "concupiscencia" deja ya de ser un mal merecedor del juicio.

La enseñanza de Jones y Waggoner era que la verdadera justificación por la fe hace justo al creyente, en el sentido de que lo reconcilia con Dios, convirtiéndolo así en un obediente hacedor de la ley. ¡Y eso ocurre antes de lo que comúnmente entendíamos por santificación! Ese mensaje escandalizó al "adventismo histórico".

Como ya se ha visto, expusieron claramente que millones de años de obediencia por parte del pecador arrepentido no podrían jamás expiar su pecado. Una cosa tal nunca tuvo, ni tendrá ni un tilde de mérito. Pero la fe en Cristo lo libra de su cautividad a la desobediencia a la ley, colocándolo en el camino de la obediencia. La fe que opera en la genuina justificación por la fe, es una fe que obra, y la expiación no puede ser una verdadera reconciliación con Dios a menos que efectúe igualmente una reconciliación con el carácter de Dios. Y eso significa inmediatamente obediencia de corazón a su santa ley. Toda pretendida justificación por la fe que declara justo a un hombre que continúa deliberadamente desobedeciendo la ley de Dios es una mentira, distorsionando ambas cosas, la justificación y la fe, y no comprendiendo ninguna de ellas.

Los mensajeros de 1888 presentaron el tema con claridad:

"Todos pecaron, y están destituidos de la gloria de Dios, siendo justificados [hechos justos o hacedores de la ley] gratuitamente por su gracia (Rom. 3:23 y 24). Nadie tiene nada en sí mismo a partir de lo cual pueda producirse la justicia. Por lo tanto, la justicia de Dios es puesta literalmente, en y sobre todos los que creen. Son así tanto vestidos con justicia como llenos de ella, de acuerdo con la Escritura. De hecho, vienen a ser 'la justicia de Dios' en Cristo. Y ¿cómo se efectúa eso? Dios declara su justicia sobre aquel que cree. Declarar es hablar. Por tanto, Dios habla al pecador... y dice: 'tú eres justo'. E inmediatamente, ese pecador que cree, deja de ser un pecador, para ser la justicia de Dios. La palabra de Dios que declara justicia, lleva en sí misma la justicia, y tan pronto como el pecador cree y recibe esa palabra en su propio corazón por la fe, en ese momento tiene la justicia de Dios en su corazón; y puesto que del corazón mana la vida, sucede que en él se inicia una nueva vida, y esa vida lo es de obediencia a los mandamientos de Dios...

El Señor nunca se equivoca en sus cuentas. Cuando la fe de Abraham le fue contada por justicia, lo fue porque era realmente justicia. ¿Cómo? Abraham, al construir en Dios, construyó en justicia perdurable... Se hizo uno con el Señor, y así la justicia del Señor vino a ser la suya propia" (Waggoner. The Gospel in Creation, 1894, p. 26-28 y 35. Corchetes figuran en el original).

"La justificación tiene que ver con la ley. El término significa 'hacer justo'. Leemos en Romanos 2:13 que: 'no los oidores de la ley son justos para con Dios, mas los hacedores serán justificados'. El hombre justo, por lo tanto, es el que cumple la ley. Ser justo significa ser recto. Por lo tanto, ya que el hombre justo es el hacedor de la ley, se deduce que justificar a un hombre -esto es, hacerlo justo- es hacerlo un cumplidor de la ley.

Ser justificado por la fe es, pues, sencillamente ser hacedor de la ley por la fe...

Dios justifica al impío (Rom. 4:5) ¿Es esto justo? Ciertamente lo es. No significa que pretenda ignorar las faltas del hombre, de manera que sea contado como justo aun siendo en realidad impío, sino que significa que El Señor convierte a ese hombre en un cumplidor de la ley. En el mismo momento en que Dios declara justo a un hombre impío, este viene a ser un hacedor de la ley. Ciertamente es una obra justa y buena, tanto como misericordiosa...

Salta pues a la vista que no cabe un estado más elevado que el de la justificación. La justificación obra todo cuanto Dios puede hacer por el hombre, a excepción de hacerlo inmortal –que ocurre en la resurrección-... Deben ejercerse continuamente fe y sumisión a Dios, a fin de retener la justicia, a fin de continuar siendo un hacedor de la ley [ver I MS, 429].

Eso le permite a uno ver claramente la fuerza de esas palabras: '¿Luego deshacemos la ley por la fe? En ninguna manera; antes establecemos la ley' (Rom. 3:31). Esto es, en lugar de quebrantar la ley y dejarla sin efecto en nuestras vidas, la establecemos en nuestro corazón por la fe. Esto es así porque la fe trae a Cristo al corazón, y la ley de Dios está en el corazón de Cristo. Y así, 'como por la desobediencia de un hombre los muchos fueron constituidos pecadores, así por la obediencia de uno los muchos serán constituidos justos' (Rom. 5:19). Este Uno que obedece es el Señor Jesucristo, y su obediencia es efectiva en el corazón de todo aquel que cree. Y como es solamente por su obediencia como los hombres son hechos guardadores de la ley, a él sea la gloria por los siglos de los siglos" (Waggoner, Signs of the Times, 1 de mayo de 1893).

Quizá podamos empezar a comprender la razón del entusiasmo que el mensaje causó en E. White. Ésta reconoció que allí radicaba el "cómo" de lo expuesto en Apocalipsis 14, que describe al pueblo de Dios de los últimos días así: "los que guardan los mandamientos de Dios". Cuando hablaba de la justicia de Cristo imputada por la fe, se refería precisamente a lo anterior. (1) Se guardaba específicamente de enseñar una mera transacción registral ficticia. Por el contrario, hablaba de algo real, una "fe que obra por el amor". Cuando E. White escribió el manuscrito titulado "Peligro de nociones falsas sobre la justificación por la fe", no fue para refutar el mensaje de Jones y Waggoner. Ella sustentaba ese mensaje. Lo que refutó fue los conceptos ficticios y legalistas sobre la justificación, en oposición al mensaje:

"Se me ha presentado una vez tras otra el peligro de albergar, como pueblo, ideas falsas sobre la justificación por la fe. Durante años se me ha mostrado que Satanás trabajaría de una forma especial para confundir la mente en este punto... El punto sobre el que mi mente ha sido urgida durante años es la justicia imputada de Cristo... He hecho de ella el tema de casi todo discurso y charla pronunciados.

Examinando mis escritos de hace 15 y 20 años constato que presentan el asunto en esa misma luz... principios vivientes de piedad práctica...

[Los pastores] deben mantener ese asunto -la sencillez de la verdadera piedad- claramente ante la gente en todo discurso... Los hombres están habituados a glorificar y exaltar a los hombres. Me hace estremecer el ver y oír hablar de eso, ya que se me ha revelado que en no pocos casos la vida familiar y la obra interna de los corazones de esos mismos hombres estaba llena de egoísmo. Son corruptos, contaminados, viles; y nada que se relacione con sus actos puede ser aprobado por Dios, pues todo cuanto hacen es una abominación a su vista. No puede haber verdadera conversión sin abandono del pecado, y no se discierne el grave carácter del pecado...

Hay peligro en ver la justificación por la fe como poniendo mérito en la fe... ¿Qué es fe? (2)... Es un asentimiento a la comprensión de las palabras de Dios que constriñe el corazón en consagración y servicio voluntarios a Dios, quien dio la comprensión, quien tocó el corazón, quien dirigió la mente desde el principio para contemplar a Cristo en la cruz del Calvario...

La ley de la acción humana y divina convierte al receptor en obrero juntamente con Dios. Lleva al hombre hasta donde éste puede, unido con la divinidad, obrar las obras de Dios... El poder divino y el agente humano combinados triunfarán plenamente, ya que la justicia de Cristo lo cumple todo" (Manuscrito 36, 1890).

Tenemos aquí una exposición en completa armonía con los mensajeros de 1888. E. White reconoció la nueva luz enviada por el Señor con el fin de preparar un pueblo para la venida de Cristo. En el mismo manuscrito expuso claramente cómo el concepto popular de la justificación por la fe, propio de las iglesias guardadoras del domingo, traiciona le plenitud de la verdad:

"Mientras que una clase pervierte la doctrina de la justificación por la fe y es negligente en cumplir las condiciones especificadas en la Palabra de Dios -'si me amáis, guardad mis mandamientos'-, el error no es menos grave por parte de quienes profesan creer y obedecer los mandamientos de Dios, pero que se colocan en oposición a los preciosos rayos de luz -nueva luz para ellos- irradiada desde la cruz del Calvario...

Hombres sin convertir han dirigido sermones desde el púlpito. Sus propios corazones no han experimentado nunca, por medio de una fe viviente, que confía y se aferra, la dulce evidencia del perdón de sus pecados. ¿Cómo pues pueden predicar el amor, la simpatía, el perdón de Dios hacia todos los pecados? ¿Cómo pueden decir: 'Mirad y vivid'? Mirando a la cruz del Calvario experimentaréis un deseo de llevar la cruz... ¿Puede alguien mirar y contemplar el sacrificio del amado Hijo de Dios sin que su corazón sea quebrantado y subyugado, dispuesto a rendir a Dios corazón y alma?

Que ese punto quede firmemente establecido en toda mente: si aceptamos a Cristo como Redentor, lo debemos aceptar como soberano. No podemos tener la seguridad y perfecta confianza en Cristo como nuestro Salvador hasta que lo reconozcamos como nuestro Rey y seamos obedientes a sus mandamientos... Tenemos entonces el sello de autenticidad de nuestra fe, ya que es una fe que obra. Que obra por el amor" (Id.) [Nota: A fin de captar el mensaje de 1888, es crucial entender la fe, según la comprendió E. White. En la Review and Herald del 24 de julio de 1888, expresó una maravillosa definición de la fe:

"Puede decir que cree en Jesús cuando tiene apreciación del coste de la salvación. Puede decir que cree cuando siente que Jesús murió por usted en la cruel cruz del Calvario; cuando tiene una fe inteligente, que discierne que su muerte hace posible que usted cese de pecar, y que perfeccione un carácter justo mediante la gracia de Dios, que le es otorgada como la adquisición de la sangre de Cristo"].

¿Es bíblicamente correcta esa noción de la justificación por la fe? Echemos un vistazo a algunos pasajes de la Escritura:

1. Hay una justificación legal o judicial (forense) que se aplica a "todos los hombres"

Porque de tal manera amó Dios al mundo, que ha dado a su Hijo unigénito... Porque no envió Dios a su Hijo al mundo para que condene al mundo, mas para que el mundo sea salvo por él... Porque la luz vino al mundo... (Juan 3:16-19).

En él estaba la vida, y la vida era la luz de los hombres... Aquél era la luz verdadera, que alumbra a todo hombre que viene a este mundo (Juan 1:4-9).

Dios estaba en Cristo reconciliando el mundo a sí, no imputándole sus pecados, y puso en nosotros la palabra de la reconciliación (2 Cor. 5:19).

...nuestro Salvador Jesucristo, el cual quitó la muerte, y sacó a la luz la vida y la inmortalidad por el evangelio (2 Tim. 1:10).

...si uno murió por todos, luego todos son muertos; y por todos murió, para que los que viven ya no vivan para sí... (2 Cor. 5:14 y 15).

Cristo, cuando aun éramos flacos, a su debido tiempo murió por los impíos... siendo aun pecadores, Cristo murió por nosotros... si siendo enemigos, fuimos reconciliados con Dios por la muerte de su Hijo... si por el delito de aquel uno murieron los muchos, mucho más abundó la gracia de Dios a los muchos, y el don por la gracia de un hombre, Jesucristo... de la manera que por un delito vino la culpa [el juicio] a todos los hombres para condenación, así por una justicia vino la gracia a todos los hombres para justificación de vida (Rom. 5:6-18).

Jones y Waggoner vieron en esos textos muy buenas nuevas:

Cristo hizo algo por todo ser humano, al darse a sí mismo al mundo. Su infinito sacrificio trajo a la luz dos dones: la vida y la inmortalidad.

Waggoner dijo, a propósito de Romanos 5:18:

"No hay aquí excepción alguna. Lo mismo que la condenación vino a todos los hombres, así viene a todos la justificación. Cristo gustó la muerte por todo ser humano. Se dio a sí mismo por todos. Más aún, se dio a sí mismo a todo hombre. El don gratuito vino a todos. El hecho de que es un don gratuito demuestra que no hay excepciones. Si hubiese venido solamente sobre quienes estuviesen en posesión de cierta calificación especial, entonces dejaría de ser un don gratuito.

Por lo tanto, es un hecho plenamente establecido en la Biblia, que el don de la justicia y vida en Cristo vino a todo hombre sobre la tierra. No hay la más mínima razón por la que cualquier hombre que jamás haya vivido no pueda ser salvo para vida eterna, excepto porque no la quiera recibir. Muchos pisotean el don ofrecido tan generosamente" (Waggoner, Signs of the Times, 12 de marzo de 1896; Waggoner on Romans, p. 101).

Jones coincidía plenamente:

"¿Es tan abarcante la justicia del segundo Adán, como el pecado del primer Adán? Examinemos atentamente el asunto. Todos estábamos incluidos en el primer Adán... sin nuestro consentimiento... Jesucristo, el segundo hombre,... nos afectó "en todo punto"... Por lo tanto, de igual manera en que el primer Adán afecta al hombre, así lo hace el segundo Adán. El primer Adán llevó al hombre bajo la condenación del pecado, hasta la muerte; la justicia del segundo Adán revierte lo anterior, y hace nuevamente vivir a todo hombre... Jesucristo nos ha liberado del pecado y la muerte que vino sobre nosotros desde el primer Adán. Esa libertad es para todo hombre, y todos pueden tenerla mediante la elección" (Jones, General Conference Bulletin, 1895, p. 268 y 269).

Se ha conferido vida al ser humano, a todo el que viene a este mundo, crea o no crea en Cristo, sepa o no de él. "Uno murió por todos", y de no haber sucedido así, todos serían muertos. Desde la caída de Adán, ningún hombre ha efectuado una sola inspiración de aire, que no sea en virtud del don del sacrificio de Cristo. Todo hombre debe incluso su existencia física a Cristo, y está infinita y eternamente en deuda con él por absolutamente todo cuanto es y tiene, con la única excepción de su muerte. "La cruz del Calvario está estampada en cada pan. Está reflejada en cada manantial" (El Deseado de todas las gentes, p. 615).

Cristo es "la luz verdadera, que alumbra a todo hombre" (Juan 1:9). "Nadie, santo o pecador, come su alimento diario sin ser nutrido por el cuerpo y la sangre de Cristo" (El Deseado de todas las gentes, p. 615). "Nadie, santo o pecador", ha disfrutado jamás de un solo momento gozoso, de una simple sonrisa feliz en este mundo, si no es como una compra de la sangre de Cristo, bien sea que conozca o que ignore la Fuente de esa felicidad. "Jehová cargó en él el pecado de todos nosotros", y así, "el castigo de nuestra paz [fue] sobre él, y por su llaga fuimos nosotros curados" (Isa. 53:6 y 5). "...Vuestro Padre que está en los cielos: que hace que su sol salga sobre malos y buenos, y llueve sobre justos e injustos" (Mat. 5:45).

Pero puesto que ningún hombre merece otra cosa que no sea la condenación y muerte, es solamente "por la gracia de Dios " y "por el don de la gracia" por lo que la vida humana "abundó... a los muchos" (Rom. 5:15). El sacrificio de Cristo ha sido ya eficaz para todo hombre, puesto que "siendo aun pecadores [enemigos], Cristo murió por nosotros" (Rom. 5:8). Por lo tanto, sea cual fuere lo que Adán transmitió a su posteridad, Cristo lo revirtió. Él murió por los impíos. Es la única razón por la que puede continuar la vida humana.

Exactamente de la misma forma en que la ofensa abundó, "vino la gracia a todos los hombres para justificación de vida" (Rom. 5:18). La expresión "los muchos" de Romanos 5:15, se refiere evidentemente a los que están sujetos a la muerte, es decir, a "todos". En ese versículo, "la gracia de Dios", la justificación (v. 16), se concede igualmente a "los muchos", que no pueden ser otros que los "todos". Así, el versículo 18 resume el pasaje afirmando que precisamente de la manera en que el pecado de Adán trajo "condenación" a todos los hombres, así también el sacrificio de Cristo trajo un "veredicto de absolución", o justificación a esos mismos "todos los hombres". Esas buenas nuevas de la Biblia causan un impacto poderoso en el corazón humano, motivando a la obediencia.

Por lo tanto, el evangelio no enseña que el hombre será justificado si hace algo previamente, incluso aunque ese algo consista en creer. El evangelio enseña a todos los hombres que fueron ya justificados desde el punto de vista legal o judicial. "Dios estaba en Cristo reconciliando el mundo a sí, no imputándole sus pecados" (2 Cor. 5:19), y nuestra obra consiste en ejercer el ministerio de la reconciliación y hablar a los demás en consecuencia. Nos encomendó la palabra de la reconciliación, la proclamación de las nuevas de cuanto sucedió ya (las "nuevas", o noticias, no nos suelen decir lo que va a suceder, sino que nos informan más bien de lo ya sucedido).

Se deduce que la gran diferencia entre un santo y un pagano es que el primero ha oído y creído las nuevas, mientras que el segundo, o bien no las ha oído, o no las ha creído. El Señor obra activamente por la salvación de todos los hombres y "quiere que todos los hombres sean salvos" (1 Tim. 2:4). Todos cuantos no lo resistan, serán atraídos a él (desde luego, es posible resistirlo, como hace una gran mayoría para su perdición).

2. Jones y Waggoner basaron su comprensión de la justificación por la fe en la verdad de que una apreciación sincera del don y sacrificio de Cristo obra inmediatamente una transformación en la vida. Esa transformación del corazón no es de ningún modo la salvación por las obras. Ni es justicia inherente o infusa como enseñó el Concilio de Trento. La fe misma implica un cambio en el corazón. Quien era enemigo de Dios se convierte realmente en un amigo, por medio de la fe. En eso consiste recibir la reconciliación o expiación (Rom. 5:11). La comprensión de 1888 de la fe, está fundada en la definición del propio Jesús:

Porque de tal manera amó Dios al mundo, que ha dado [no dice prestado] a su Hijo unigénito, para que todo aquel que en él cree, no se pierda, mas tenga vida eterna (Juan 3:16).

Mas ahora, sin la ley, la justicia de Dios se ha manifestado, testificada por la ley y los profetas: la justicia de Dios por la fe de Jesucristo, para todos los que creen en él; porque no hay diferencia; por cuanto todos pecaron, y están destituidos de la gloria de Dios; siendo justificados gratuitamente por su gracia, por la redención que es en Cristo Jesús; Al cual Dios ha propuesto en propiciación por la fe en su sangre, para manifestación de su justicia, atento a haber pasado por alto, en su paciencia, los pecados pasados, con la mira de manifestar su justicia en este tiempo: para que él sea el justo, y el que justifica al que es de la fe de Jesús (Rom. 3:21-26).

Creyó Abraham a Dios, y le fue atribuido a justicia... mas al que no obra, pero cree en aquel que justifica al impío, la fe le es contada por justicia... Por lo cual también [el creer] le fue atribuido a justicia (Rom. 4:3-5 y 22).

Justificados pues por la fe, tenemos paz para con Dios por medio de nuestro Señor Jesucristo (Rom. 5:1).

Mas la justicia que es por la fe dice así: No digas en tu corazón: ¿Quién subirá al cielo?... O ¿quién descenderá al abismo?... Mas ¿qué dice? Cercana está la palabra, en tu boca y en tu corazón. Esta es la palabra de la fe, la cual predicamos: Que si confesares con tu boca al Señor Jesús, y creyeres en tu corazón que Dios le levantó de los muertos, serás salvo. Porque con el corazón se cree para justicia... Luego la fe es por el oír, y el oír por la palabra de Dios (Rom. 10:6-17).

El hombre no es justificado por las obras de la ley, sino por la fe de Jesucristo... Porque yo por la ley soy muerto a la ley, para vivir a Dios. Con Cristo estoy juntamente crucificado, y vivo, no ya yo, mas vive Cristo en mí: y lo que ahora vivo en la carne, lo vivo en la fe del Hijo de Dios, el cual me amó, y se entregó a sí mismo por mí. No desecho la gracia de Dios: porque si por la ley fuese la justicia, entonces por demás murió Cristo... los que son de fe, los tales son hijos de Abraham... Antes que viniese la fe, estábamos guardados bajo la ley, encerrados para aquella fe que había de ser descubierta. De manera que la ley nuestro ayo fue para llevarnos a Cristo, para que fuésemos justificados por la fe... Nosotros por el Espíritu esperamos la esperanza de la justicia por la fe... la fe que obra por la caridad (Gál. 2:16-5:6).

Jones y Waggoner comprendieron así esos pasajes:

La fe es la única respuesta adecuada del corazón humano frente al amor de Dios. La fe no puede ser un mero asentimiento intelectual a la sana doctrina, ni un afán egocéntrico por seguridad. La fe viene por la proclamación de la palabra de la cruz. Es la aceptación de corazón de este llamado: "reconciliaos con Dios" (2 Cor. 5:20), en directa respuesta a la expiación en el sacrificio de Cristo. Dios obra el querer y el hacer; nosotros el creer.

Como consecuencia, la apreciación profunda y sincera de la justificación legal (o judicial) realizada en el sacrificio de Cristo, constituye la experiencia de la justificación por la fe. Nuestro Salvador Jesucristo "sacó a la luz la vida y la inmortalidad por el evangelio" (2 Tim. 1:10). La vida a todos los hombres. La inmortalidad, solamente a aquellos que creen.

Una fe tal significa una crucifixión del yo con Cristo. Obras aparte, y deseos de recompensa personal aparte, el creyente se identifica con Cristo en la cruz.

> Cuando miro la grandiosa cruz
>
> en la que el Príncipe de gloria murió,
>
> cuento por pérdida mis ganancias,
>
> y me avergüenzo de mi orgullo.

La rendición del yo pasa, de ser una lucha dolorosa, a ser un gozoso acto voluntario de reconocimiento e identificación. Permítase simplemente que brille el amor de Dios, proclámese el evangelio en su pureza, libre de adulteración, y el alma que crea no encontrará difícil ningún sacrificio hecho por Cristo.

> Cuando toda la creación,
>
> sería un tributo demasiado pequeño;
>
> un amor tan excelso, tan divino,
>
> demanda toda mi vida, mi alma, mi todo.

Así, el que Dios justifique al impío descarta que el corazón creyente permanezca en un estado de enemistad y desavenencia con Dios. Hay un cambio en el corazón en el momento en que la persona cree. ¡Creer es el cambio de corazón! Cuando el impío es justificado por la fe, su corazón queda subyugado. "Si alguno está en Cristo, nueva criatura es: las cosas viejas pasaron; he aquí todas son hechas nuevas". Este texto de 2 Corintios 5:17 describe la justificación por la fe. E. White habla en estos términos de la magna dimensión de la fe:

"La fe esencial para la salvación no es una mera fe nominal, sino un principio permanente, que se apropia del poder vital de Cristo. Lleva al alma a sentir hasta tal punto el amor de Cristo que el carácter se refinará, purificará y ennoblecerá. Esa fe en Cristo no es un simple impulso, sino un poder que obra por el amor y purifica el alma" (Review and Herald, 14 de agosto de 1891. Original sin atributo de cursivas).

3. El mensaje va mucho más allá de la comprensión habitual adventista según la cual la justificación por la fe consiste en el perdón por los pecados pasados, sin existir cambio alguno en el corazón hasta que comienza a tener lugar la "santificación". El mérito sobre el que descansa la justificación por la fe no está nunca en el creyente, pero se hace evidente en el creyente: el yo es crucificado con Cristo (Gál. 2:20). Es por eso que la justificación por la fe depende de la justificación efectuada en favor de todos los hombres, en la cruz. La genuina santificación consiste en la siempre creciente experiencia de progresión en la justificación por la fe.

"Es pues la fe la sustancia de las cosas que se esperan, la demostración de las cosas que no se ven" (Heb. 11:1). Esta definición de la fe se comprende mejor a la luz de la imputación de la justicia de Cristo: si el pecador ejerce fe, Dios la acepta como un pago previo a cuenta, la sustancia de las cosas que Dios espera. Solamente comprendiendo la verdadera fe como describe el Nuevo Testamento puede hacerse efectiva esa magnífica imputación (Rom. 3:25).

Dios no puede permitir al pecador entrar en el cielo si el más leve rastro de pecado mancha su carácter, porque la admisión de una cantidad tan pequeña como una semilla, germinaría y crecería hasta contaminar el universo de nuevo. Pero si Dios esperase que el pecador fuese santificado antes de justificarlo, toda la eternidad no bastaría para lograrlo. Y si él perdonara el pecado en el mero sentido de dejarlo pasar –ignorarlo-, admitiendo al pecador en el cielo en un estado de incredulidad, lo que haría en realidad es perpetuar el pecado y arrojar desprecio sobre el sacrificio de su propio Hijo.

Pero, dejando aparte cualquier clase de obras, Dios puede ser justo y el que justifica al pecador que tiene fe, ya que la fe es la verdadera apreciación profunda y sincera de la justicia de Dios, efectuada al establecer a Cristo a modo de "propiciación por la fe en su sangre". Si no hubiese derramamiento de sangre, ni cruz, entonces no podría haber base legal para la justificación, ni tampoco fe por parte del pecador. La sangre efectúa una expiación tanto objetiva como subjetiva.

Esa no es la "teoría de la influencia moral" de la expiación, ya que esa sangre "habla" al corazón humano que se arrepiente. Es así como la verdadera justificación por la fe "abate en el polvo la gloria del hombre".

Pero en esa fe, como en un grano de mostaza, radica "la sustancia de las cosas que se esperan".

Dios se deleita en mirarla. Dice: "es suficiente", y la cuenta como justicia.

La postura de la Reforma estaba necesariamente limitada, en razón de la mentalidad egocéntrica prevaleciente en esa época. Los reformadores abrazaron la doctrina papal de la inmortalidad del alma, (3) razón por la que fueron incapaces de escapar de esa mente restringida. Pero por vez primera en la historia del adventismo, y quizá también en la del cristianismo (contando a partir de los apóstoles), Jones y Waggoner rompieron la servidumbre al yugo de la preocupación egocéntrica. Comenzaron a sentir una motivación superior, verdaderamente centrada en Cristo. Esa más amplia visión fue posible para ellos, no gracias a la lectura esmerada de las obras de los reformadores protestantes, o de los evangélicos de la época, sino por su conocimiento de la distinta y singular comprensión adventista de la purificación del santuario.

Todo cuanto debieron hacer fue correlacionar la doctrina (de otra forma, estéril doctrina) de la purificación del santuario, con los conceptos neotestamentarios de la justificación por la fe, descubriendo el mensaje que produjo en E. White el entusiasta reconocimiento: "Cada fibra de mi corazón decía Amén" (Manuscrito 5, 1889).

Si bien las obras nada tienen que ver con esa justificación por la fe, son inherentes a la fe misma. La fe obra por el amor. Jones y Waggoner enfatizaron que la salvación es sólo por la fe, pero la fe que predicaron obraba, y "obra" no es aquí un sustantivo, sino un verbo. Si uno posee la palabra de capital importancia -en la frase de la experiencia cristiana- no hay límite a los sustantivos en los que se materializará, conduciendo al creyente, y al cuerpo de la iglesia, a una preparación cabal para la traslación en la venida del Señor.

Es por eso que Waggoner afirmó que "no cabe un estado más elevado que el de la justificación". La santificación es la progresión y constante profundización en la realidad de la justificación por la fe. Nunca dejaremos de ser justificados por la fe (esto es, hechos obedientes a la ley de Dios) hasta el momento de la glorificación. No se trata de "buscar pelos" en distinciones sutiles entre justificación y santificación, y menos aun en considerar "anatema" a los cristianos que no coinciden con nosotros en definir el lugar exacto de la línea que separa ambas. Nadie pretenderá estar totalmente santificado por la fe: la pretensión de tal cosa negaría inmediatamente la realidad de la justificación por la fe. En todos y cada uno de los momentos desde el principio de la conversión, hasta la gloriosa experiencia de encontrar al Señor en las nubes en su venida, el creyente confía solamente en la justicia imputada de Cristo.

> Puesto que yo, extraviado y perdido,
>
> Hallé perdón por su nombre y por su palabra;
>
> En otra cosa jamás me gloríe
>
> Sino en la cruz de Cristo mi Señor

El mensaje de Jones y Waggoner trascendió la preocupación egocéntrica con origen en nuestra inseguridad, transformándola en una preocupación de orden superior por el honor y la vindicación de Cristo, en la resolución del gran conflicto de los siglos. Así, el foco se desplazó desde la preocupación por la propia salvación de uno mismo, dependiente de la justicia imputada, hacia el deseo, en un orden superior, de que Cristo se goce al ver en su pueblo una demostración de la justicia impartida. [Nota: El uso que hizo E. White de imputada no se limita a una mera declaración legal exterior al creyente. Por ejemplo, considérese esta declaración, hecha en el clímax de la presentación del mensaje de 1888:

"La justicia imputada de Cristo significa santidad, rectitud, pureza. Si no nos fuese imputada la justicia de Cristo, no podríamos experimentar arrepentimiento aceptable. La justicia morando en nosotros por la fe consiste en amor, tolerancia, mansedumbre y todas las virtudes cristianas. Aquí, la justicia de Cristo es asida y viene a ser una parte de nuestro ser. Todos cuantos posean esa justicia obrarán la justicia de Dios... El manto de la justicia de Cristo no cubre jamás los pecados acariciados. Nadie podrá entrar en las cenas de boda del Cordero sin llevar puestas las vestiduras de boda, que es la justicia de Cristo" (Carta 1e, 14 de enero de 1890).

Su repetida frase relativa a Cristo como nuestro "sustituto y garantía" no implica la postura popular llamada "de la Reforma", limitada a una sustitución legal o judicial:

"No debemos colocar la obediencia de Cristo en sí misma como algo para lo cual estuviera particularmente adaptado, por su peculiar naturaleza divina, ya que se tuvo ante Dios como el representante del hombre y fue tentado como el sustituto y garantía del hombre" (Manuscrito 1, 1892).

Esa nueva motivación está infinitamente alejada de la herejía del "perfeccionismo". Comentando el mensaje de 1888, E. White dijo que la justicia imputada es nuestro "título al cielo", mientras que la impartida es nuestra "idoneidad para el cielo" (Review and Herald, 4 de junio de 1895. También, Mensajes para los jóvenes, p. 32. Esa terminología fue previamente empleada por John Wesley, Works, Sermon 127, 1790, "On the Wedding Garment" [Ataviados para las bodas]). El gran reloj de Dios marcó solemnemente la hora que nunca antes sonara en los días de los reformadores del siglo XVI. La hora era avanzada, y había llegado el tiempo de que una Voz se dispusiese a proclamar: "Consumado es".

Cuando nos postramos humildemente a los pies de la cruz donde Cristo murió, venimos a ser todos como niños en lo referente a la limitada comprensión de su glorioso significado. El orgullo personal y denominacional que impregna nuestra vida como iglesia, la tendencia constante a honrar y glorificar a los hombres y mujeres falibles, nuestra adhesión a los placeres y las cosas del mundo, son todos ellos indicadores de cuán poco comprendemos o apreciamos la verdadera justificación por la fe.

El remedio no es encontrar algo más que hacer en el sentido de más obras, sino algo que creer. Y nadie puede creer si no es de corazón contrito, quebrantado. Nuestra historia pasada y presente nos revela que aún no hemos aprendido la lección suprema:

Mas lejos esté de mi el gloriarme, sino en la cruz de nuestro Señor Jesucristo, por el cual el mundo me es crucificado a mí, y yo al mundo (Gál. 6:14).

Hermanos, cuando fui a vosotros, no fui con altivez de palabra, o de sabiduría, a anunciaros el testimonio de Cristo. Porque no me propuse saber algo entre vosotros, sino a Jesucristo, y a este crucificado (1 Cor. 2:1 y 2).

Capítulo 8—¿Se puede vivir sin pecar?

Plantear la pregunta improcedente en el momento inoportuno, da por resultado la confusión. Allá donde se mencione la vida sin pecado, aparece siempre alguien dispuesto a hacer la pregunta cargada de intención: "¿Vives tú sin pecado? ¿eres tú perfecto? ¿me puedes mostrar a alguien (exceptuando a Cristo) que haya sido perfecto?" Más de una vez, la sonrisa adorna el silencio tenso que suele acompañar a esas preguntas burlonas.

Pero eso no incumbe al tema de este capítulo. Incluso para un niño es evidente que jamás un verdadero cristiano se sentirá o declarará perfecto. No fue el orgulloso fariseo quien fue justificado, sino el publicano contrito (evidentemente por la fe, ya que de otra forma no es posible). Y éste último oraba: "Dios, sé propicio a mí, pecador" (Luc. 18:13). Hasta que Cristo glorifique a sus santos en la segunda venida, sabrán que "en [ellos], es a saber, en [su] carne, no mora el bien" (Rom. 7:18). Ningún verdadero cristiano pretenderá más de lo que expresó Pablo: "No que ya haya alcanzado ni que ya sea perfecto... Hermanos, yo mismo no hago cuenta de haberlo ya alcanzado" (Fil. 3:12 y 13).

"Nunca podemos con seguridad poner la confianza en el yo, ni tampoco, estando, como nos hallamos, fuera del cielo, hemos de sentir que nos encontramos seguros contra la tentación... Nuestra única seguridad está en desconfiar constantemente de nosotros mismos y confiar en Cristo" (Palabras de vida del gran Maestro, p. 119-120).

"No sólo al comienzo de la vida cristiana ha de hacerse esta renuncia al yo [orgullo y suficiencia propia]. Se la debe renovar a cada paso que se dé hacia el cielo...

Mientras más nos acerquemos a Jesús, y más claramente apreciemos la pureza de su carácter, más claramente discerniremos la excesiva pecaminosidad del pecado, y menos nos sentiremos inclinados a ensalzarnos a nosotros mismos" (Id., p. 124).

"Hay esfuerzo ferviente desde la cruz hasta la corona. Hay lucha contra el pecado interior. También contienda contra el error del exterior" (Review and Herald, 29 de noviembre de 1887).

Debemos comenzar por hacer la pregunta adecuada en el momento correcto. Y el tiempo correcto es este tiempo de purificación del santuario celestial, mientras nuestro gran Sumo Sacerdote está completando su obra de expiación final. Cristo está por cumplir una obra única en la historia humana, desde que ésta comenzó. Si bien ningún hijo de Dios pretenderá haber vencido todo pecado, y si bien es igualmente cierto que no podemos juzgar de ninguna persona del pasado (exceptuando a Cristo) ni del presente, en el sentido de que haya o no vencido como Él venció, eso no significa que el ministerio de Cristo en el lugar santísimo vaya a fracasar en obtener dichos resultados. Por mucho que hayamos dejado de vencer en el pasado o el presente, el que nosotros digamos que es imposible vencer el pecado por la fe en el Redentor, es de hecho justificar y fomentar el pecado, y colocarse en el bando del gran enemigo.

Las preguntas que es adecuado plantearse, son: El sacrificio de Cristo como Cordero de Dios, y su ministerio como gran Sumo Sacerdote, ¿son suficientemente poderosos como para salvar a su pueblo de (no en) sus pecados? ¿Es verdaderamente capaz de salvar hasta lo sumo a los que por él se allegan a Dios? ¿Tendrá verdadero éxito en "afinar y limpiar la plata: porque limpiará los hijos de Leví, los afinará como a oro y como a plata; y ofrecerán a Jehová ofrenda con justicia"? (Mal. 3:3). Cuando venga Cristo por segunda vez, ¿encontrará un pueblo del que en verdad pueda decir "Aquí está la paciencia de los santos; aquí están los que guardan los mandamientos de Dios, y la fe de Jesús"?

Si es su voluntad, el Señor "criará una cosa nueva sobre la tierra" (Jer. 31:22), y lo que quiere cumplir es la preparación de un pueblo para la segunda venida de Cristo. Por primera vez en la historia humana, se hace el anuncio divino: "Aquí está la paciencia de los santos; aquí están los que guardan los mandamientos de Dios, y la fe de Jesús". El acontecimiento que sigue es la venida del Señor (vers. 12 y 14 de Apoc. 14).

Decir que esos santos en realidad no guardan los mandamientos de Dios, sino que simplemente Dios lo presume así, es violar el contexto de los mensajes de los tres ángeles. El cielo declara que "son vírgenes... siguen al Cordero por donde quiera que fuere... en sus bocas no ha sido hallado engaño; porque ellos son sin mácula delante del trono de Dios" (vers. 4 y 5). Sabemos que tienen naturaleza pecaminosa, "por cuanto todos pecaron y están destituidos de la gloria de Dios" (Rom. 3:23). Pero la congruencia de la declaración de Apocalipsis 14 exige que la fe de Jesús haya realmente obrado, y hayan cesado de pecar. Vencieron como Cristo venció (Apoc. 3:21). Tratar de situar esta descripción de un pueblo victorioso en el futuro posterior a la segunda venida, supone una violación flagrante del contexto. En Apocalipsis 15:2 se contempla el mismo grupo, habiendo obtenido la victoria antes del fin del tiempo de gracia.

Las generaciones anteriores no han sido nunca capaces de comprender claramente la verdad de la perfección cristiana sin caer en los errores del perfeccionismo, debido a que todavía no era la hora de la purificación del santuario. Cuando llegamos a "los días de la voz del séptimo ángel, cuando él comenzare a tocar la trompeta, el misterio de Dios será consumado, como él lo anunció a sus siervos los profetas" (Apoc. 10:7). He aquí la contribución especial que el adventismo debe hacer para completar la gran Reforma y el cumplimiento de la comisión evangélica. Debe haber una conjugación de la verdad del santuario celestial y de la verdad de la justificación por la fe. Y es entonces cuando comenzamos a sentir la auténtica significación del mensaje de 1888 tal como el Señor lo envió a su pueblo.

El mensaje de 1888 era un mensaje de gloriosa esperanza, tan exento de fanatismo como de los errores del perfeccionismo. Ambos mensajeros, desde el principio de la era de 1888, fueron claros y categóricos en cuanto a que es posible vivir sin pecar, de que el pueblo de Dios puede vencer como Cristo venció, y que la clave para esa gloriosa posibilidad reside en la fe de su pueblo en el ministerio del gran Sumo Sacerdote en el lugar santísimo.

Las primeras tres frases del libro de Waggoner Christ and His Rightheousness [Cristo y su justicia] resumen claramente su concepto de la vida sin pecado. Constituyen la semilla de una verdad que se desarrolla hasta convertirse en un árbol inmenso:

"En el primer versículo del tercer capítulo de Hebreos, encontramos una exhortación que abarca sumariamente toda demanda hecha al cristiano. Es la siguiente: 'Por lo tanto hermanos, vosotros que pertenecéis al pueblo de Dios, que habéis sido llamados por Dios a ser suyos, considerad atentamente a Jesús, el apóstol y sumo sacerdote gracias al cual profesamos nuestra fe'[Heb. 3:1, versión D.H.H.]. Hacer eso como lo impone la Biblia, considerar a Cristo de forma continua e inteligente, tal como él es, transformará a uno en un perfecto cristiano, ya que 'contemplando... somos transformados' (2 Cor. 3:18)".

Edificados sólidamente sobre el concepto de Lutero de la justificación por la fe, Jones y Waggoner establecieron tres elementos esenciales del singular mensaje de los tres ángeles. Este es el sentido en el que el mensaje de 1888 va más allá de lo que los reformadores del siglo XVI fueron capaces de ir en su día:

1. Se hace un llamado al creyente a "considerar atentamente a Jesús, el... sumo sacerdote" en su obra de purificar el santuario en el día antitípico de la expiación que comenzó en 1844.

2. Considerar a Cristo de forma continua e inteligente, tal como él es, es considerar la verdadera enseñanza neotestamentaria de que su papel en tanto que sustituto y ejemplo requiere que tomase la naturaleza del hombre caído, en semejanza de carne de pecado, siendo así poderoso para socorrer a los que son tentados.

3. La fe en un Salvador y Sumo Sacerdote tal, transformará a uno en un cristiano perfecto. Obsérvese la palabra transformará. El verdadero creyente no solamente será tenido o legalmente reconocido por tal, sino que realmente se transformará en un cristiano perfecto, por la fe.

La enseñanza de Jones estaba en completa armonía con la de Waggoner. En The Consecrated Way to Christian Perfection, publicado primeramente (1898 a 1899) como artículos de Review and Herald, se declara sencilla y categóricamente:

"En su venida [de Cristo] en la carne, habiendo sido hecho en todo como nosotros, y siendo tentado en todo como lo somos nosotros, se identificó con toda alma humana allí donde ésta está. Y desde la posición en la que está cada alma humana, consagró para ella un camino nuevo y vivo que atraviesa todas las vicisitudes y experiencias de una vida entera, incluyendo la muerte y la tumba, hasta el santo de los santos, a la derecha de Dios por la eternidad...

Y él consagró este "camino" para nosotros. Habiéndose hecho uno con nosotros, hizo ese camino el nuestro; nos pertenece. Ha otorgado a toda alma el divino derecho a transitar por ese camino consagrado. Y habiéndolo hecho él mismo en la carne -en nuestra carne-, lo hizo posible. De hecho, nos ha dado la seguridad de que toda alma humana puede caminar en ese camino, con todo cuanto significa ese camino, y por medio de él, entrar libre y plenamente hasta el santo de los santos...

Ha establecido y consagrado un camino por el cual, en él, todo creyente puede, en este mundo y por toda la vida, vivir una vida santa, inocente, limpia, apartada de los pecadores, y como consecuencia, ser hecho con él más sublime que los cielos [Heb. 7:26]" (p. 61 y 62).

Se suscita la cuestión inmediatamente: ¿es lo anterior la herejía del perfeccionismo? Jones aclara que no lo es:

"La meta cristiana es la perfección, la perfección de carácter. Perfección lograda en carne humana en este mundo. Cristo la obtuvo en carne humana en este mundo, estableciendo y consagrando así un camino por el cual, en él, todo creyente pueda obtenerla. Él, habiéndola obtenido, ha venido a ser nuestro gran Sumo Sacerdote. Por su ministerio sacerdotal en el verdadero santuario nos capacita para obtenerla" (Id.).

Hay que distinguir claramente entre la "perfección de carácter... lograda en carne humana" y el perfeccionismo fanático que pretende la perfección de la carne humana. El perfeccionismo es una herejía que se caracteriza por una o más de las falsas ideas que siguen:

- La erradicación de la naturaleza pecaminosa del hombre en cualquier momento anterior a la glorificación, a la segunda venida de Cristo.

- La restauración perfecta de los poderes mentales o físicos mientras el hombre es aún mortal.

- La perfección de la carne.

- La vida sin la gracia habilitadora de Dios.

- Una infusión de mérito intrínseco, confiando en una santidad o justicia inherentes.

- La pretensión de ser salvo en base a una santidad superior.

- La pretensión de poseer o creer en sentimientos o impresiones, que están al margen de la Palabra.

- La creencia de que es imposible pecar o caer.

- La asunción de que uno está espiritualmente seguro en función de una justificación puramente legal, mientras se continua viviendo en transgresión de la ley de Dios.

- La asunción de que el continuo pecado deja de ser pecaminoso si uno está salvado o santificado.

En el mensaje de 1888 no existe ninguna de esas falsas ideas. Por el contrario, encontramos un llamado definido a la preparación para la segunda venida de

Cristo. E. White distinguió el llamado. Refiriéndose al mensaje de Jones y Waggoner dijo:

"En su gran misericordia el Señor envió un preciosísimo mensaje a su pueblo por medio de los pastores Waggoner y Jones. Este mensaje tenía que presentar en forma más destacada ante el mundo al sublime Salvador, el sacrificio por los pecados del mundo entero. Presentaba la justificación por la fe en el Garante; invitaba a la gente a recibir la justicia de Cristo, que se manifiesta en la obediencia a todos los mandamientos de Dios... Es el mensaje del tercer ángel, que ha de ser proclamado en alta voz y acompañado por el abundante derramamiento de su Espíritu" (Testimonios para los Ministros, p. 91 y 92. Original sin atributo de cursivas).

Frecuentemente E. White declaró que la causa real del rechazo del mensaje fue un amor secreto al pecado. Waggoner nos dijo que estaba en deuda con Lutero y Wesley por su compresión. Y Wesley enseñó claramente la posibilidad de vida sin pecado, en carne mortal. La terrible oposición de la que fue objeto en su día era una representación de la que deberían afrontar Jones y Waggoner. Wesley dijo del conflicto en su día:

"Ninguna otra expresión en las Santas Escrituras ha resultado ser tan ofensiva esa. El término perfecto es lo que muchos no pueden soportar. Su simple pronunciación es una abominación para ellos, y quienquiera que predique la perfección en el sentido de que es posible lograrla en esta vida, incurre en grave riesgo de ser tenido por peor que un pagano o publicano ante ellos" (Works of Wesley, Vol. VI, p. 1).

"'No', dice un gran hombre [Zinzerdorf], 'es el error de los errores: lo aborrezco con toda mi alma. Lo perseguiré por todos los sitios con fuego y espada'. Pero, ¿por qué tanta vehemencia?... ¿Por qué son tan ardientes, casi diré furiosos, los que se oponen (con pocas excepciones) a la salvación del pecado?... En el nombre de Dios, ¿cuál es la razón de ese apego al pecado? ¿Qué ha hecho de bueno por vosotros? ¿Qué de bueno puede hacer por vosotros, en este mundo o en el por venir? ¿Y por qué esa violencia contra los que esperan en la liberación del pecado?" (Id., p. 424).

Probablemente Wesley no llegó en su día a captar hasta la última perspectiva del problema. Pero quienes vivan en los últimos días, sabrán lo que significa el dragón "airado contra la mujer; y... [haciendo] guerra contra los otros de la simiente de ella, los cuales guardan los mandamientos de Dios y tienen el testimonio de

Jesucristo". Lo que pone a Satanás tan furioso es que habrá un pueblo que guardará verdaderamente los mandamientos de Dios.

En realidad, la ley de Dios ha sido desde siempre el centro de la controversia, ya que del hombre caído, el enemigo "declara que nos es imposible obedecer sus preceptos" (El Deseado de todas las gentes, p. 15). Wesley debió contender con lo mismo con lo que E. White declaró que hemos de contender nosotros: "un extraño poder que se opone a la idea de alcanzar la perfección que Cristo presenta" (Alza tus ojos, p. 236). Como en la época de Wesley, ella manifestó que muchos pastores repiten las falsedades de Satanás:

"Satanás declaró que era imposible para los hijos e hijas de Adán guardar la ley de Dios, acusándolo así de falta de sabiduría y amor. Si no podían guardar la ley, entonces el defecto estaba en el dador de la ley. Los hombres que están bajo el control de Satanás repiten esas acusaciones contra Dios, al aseverar que los hombres no pueden guardar la ley de Dios...

[Pero] Cristo tomó sobre sí la naturaleza humana, y se sujetó a cumplir toda la ley en beneficio de aquellos a quienes representaba. Si hubiese fracasado en una jota o un tilde, habría sido un transgresor de la ley, y habríamos tenido en él una ofrenda pecaminosa, sin valor. Pero él cumplió cada término de la ley, y condenó el pecado en la carne; sin embargo muchos pastores repiten las falsedades de los escribas, sacerdotes y fariseos, y siguen su ejemplo al apartar de la verdad a la gente.

Dios se manifestó en carne para condenar el pecado en la carne, manifestando obediencia perfecta a toda la ley de Dios. Cristo no pecó, ni fue hallado engaño en su boca. No corrompió la naturaleza humana y, aunque en la carne, no transgredió la ley de Dios en ningún particular. Más que esto, eliminó toda excusa que pudiesen esgrimir los hombres caídos para no guardar la ley de Dios...

Este testimonio en relación con Cristo muestra llanamente que condenó el pecado en la carne. Nadie puede decir que está sujeto sin esperanza a la servidumbre del pecado y de Satanás. Cristo asumió la responsabilidad de la raza humana... Testifica que por su justicia imputada el alma creyente obedecerá los mandamientos de Dios" (Signs of the Times, 16 de julio de 1896).

La fecha de esta contundente declaración indica que E. White apoyaba con firmeza el mensaje de Jones y Waggoner. Si el mensaje hubiese estado contaminado por el perfeccionismo en la más pequeña medida, ciertamente no lo habría apoyado. Obsérvese que la justicia imputada de Cristo efectúa más que una mera declaración legal: convierte al creyente en obediente.

El cómo de este glorioso logro de la perfección del carácter, lo vemos claramente expresado en algo que E. White dijo unos diez años más tarde (1907):

"[Cristo] hizo una ofrenda tan completa que por su gracia todos pueden alcanzar la norma de la perfección. De todos cuantos reciben su gracia y siguen su ejemplo será escrito en el libro de la vida: 'Completos en él -sin mancha ni arruga-'.

Los seguidores de Cristo deben ser puros y verdaderos en palabra y obra. En este mundo -un mundo de iniquidad y corrupción- los cristianos deben revelar los atributos de Cristo. Todo cuanto hagan y digan debe estar libre de egoísmo. Cristo los quiere presentar ante el Padre 'sin mancha, ni arruga, ni cosa semejante', purificados por su gracia, llevando su semejanza.

En su gran amor, Cristo se entregó por nosotros... Debemos entregarnos a él. Cuando esa entrega es total, Cristo puede concluir la obra que comenzó en nuestro beneficio mediante la entrega de sí mismo. Entonces nos puede brindar restauración completa" (Review and Herald, 30 de mayo de 1907).

Evidentemente, la perfección de carácter no es simplemente una declaración legal. Es algo que Cristo desea, por lo tanto, no ha sido aún realizado en su pueblo. Hay implicado un factor de tiempo, una condición: "Cuando [nuestra] entrega es total, Cristo puede concluir la obra que comenzó en nuestro beneficio mediante la entrega de sí mismo". Y esa "entrega total" debe preceder a la "restauración completa", que incluye la traslación sin ver la muerte.

Es aquí donde entra por derecho propio la auténtica justificación por la fe. No podemos saber cómo efectuar esa entrega total que es tan vitalmente necesaria a menos que comprendamos verdaderamente el evangelio. El mensaje de 1888 fue el comienzo de esa divina provisión para la lluvia tardía.

No es, por lo tanto, maravilla, que Satanás haya odiado tanto el mensaje y se haya opuesto constantemente a él. Su oposición más eficaz es evidentemente por medio de falsificaciones sutiles de la justificación por la fe. Las mismas pueden ser fácilmente desenmascaradas porque invariablemente están traicionadas por un denominador común: la oposición a la ley de Dios. Dicha oposición toma una de estas dos formas: (1) declaran que la ley de Dios ha sido abolida o cambiada, o (2) declaran que la ley de Dios es imposible de obedecer.

De manera que toda pretendida justificación por la fe que se convierte en un manto para cubrir la continua desobediencia a la ley de Dios, es una falsificación. Y todo mensajero que predique una clase de justificación por la fe mientras "infringiere uno de estos mandamientos muy pequeños, y así enseñare a los hombres" (Mat. 5:19) es un agente del engaño.

¿Enseña la Biblia la posibilidad de vida sin pecado, en nuestra naturaleza pecaminosa? Si Cristo fue enviado en "semejanza de carne de pecado, y a causa del pecado, condenó al pecado en la carne: para que la justicia de la ley fuese cumplida en nosotros", entonces la respuesta es clara. Cristo es nuestro sustituto y ejemplo. Lo demostró de una vez por todas. "El cual no hizo pecado; ni fue hallado engaño en su boca" (1 Ped. 1:22). Y de su pueblo se podrá afirmar que "en sus bocas no ha sido hallado engaño; porque ellos son sin mácula delante del trono de Dios" (Apoc. 14:5). "Aquí están los que guardan los mandamientos de Dios, y la fe de Jesús" (vers. 12). Serán vencedores "como Yo he vencido" (Apoc. 3:21), dice Jesús. No hay un tilde de perfeccionismo en esta enseñanza bíblica, ya que ningún santo vencerá si no es por la fe en el gran Vencedor, "el autor y consumador de nuestra fe". Los vencedores no se atribuyen mérito alguno, sino que lo obtienen todo por la fe. "Por lo cual puede también salvar eternamente a los que por él se allegan a Dios, viviendo siempre para interceder por ellos. Porque tal pontífice nos convenía: santo, inocente, limpio, apartado de los pecadores, y hecho más sublime que los cielos" (Heb. 7:25 y 26).

Si eliminamos el ministerio sacerdotal de Cristo en el lugar santísimo, ese concepto de preparación para la segunda venida desaparece, y el impacto de la Iglesia Adventista se reduce a un eco -"yo también"- de las iglesias evangélicas populares. Nuestro singular mensaje se centra en el ministerio sacerdotal de Cristo:

"Los que vivan en la tierra cuando cese la intercesión de Cristo en el santuario celestial deberán estar de pie en la presencia del Dios santo sin mediador. Sus vestiduras deberán estar sin mácula; sus caracteres, purificados de todo pecado por la sangre de la aspersión. Por la gracia de Dios y sus propios y diligentes esfuerzos deberán ser vencedores en la lucha con el mal. Mientras se prosigue el juicio investigador en el cielo, mientras que los pecados de los creyentes arrepentidos son quitados del santuario, debe llevarse a cabo una obra especial de purificación, de liberación del pecado, entre el pueblo de Dios en la tierra. Esta obra está presentada con mayor claridad en los mensajes del capítulo 14 del Apocalipsis" (El conflicto de los siglos, p. 478).

No es necesario temblar por tener que permanecer en pie en la presencia del Dios santo sin mediador. Recuérdese que ese Dios santo es el amoroso Padre celestial, nuestro Salvador. ¡No está por la labor de impedirnos la entrada al cielo, sino por la de llevarnos a él!

El Señor tendrá un pueblo que no podrá "ser inducido a ceder a la tentación ni siquiera en pensamiento":

"Ahora, mientras que nuestro gran Sumo Sacerdote está haciendo propiciación por nosotros, debemos tratar de llegar a la perfección en Cristo. Nuestro Salvador no pudo ser inducido a ceder a la tentación ni siquiera en pensamiento. Satanás encuentra en los corazones humanos algún asidero en que hacerse firme; es tal vez algún deseo pecaminoso que se acaricia, por medio del cual la tentación se fortalece. Pero Cristo declaró al hablar de sí mismo: 'Viene el príncipe de este mundo; mas no tiene nada en mí' (Juan 14:30). Satanás no pudo encontrar nada en el Hijo de Dios que le permitiese ganar la victoria. Cristo guardó los mandamientos de su Padre y no hubo en él ningún pecado de que Satanás pudiese sacar ventaja. Esta es la condición en que deben encontrarse los que han de poder subsistir en el tiempo de angustia" (Id., p. 681).

Alguno dirá: "Justo lo que temía... prefiero morir e ir a la tumba, mas bien que pasar por el tiempo de angustia: ¿Y si no doy la talla?" Pero si sentimos eso, realmente estamos siendo egoístas, en un doble sentido: Estamos privando al Señor de la lealtad que él merece recibir de nosotros en esos últimos días, y estamos evadiendo una experiencia y prueba que algún otro tendrá que sufrir en nuestro lugar. Si toda nuestra preocupación se reduce a alcanzar el cielo, ciertamente somos egoístas. Quienes razonan que el camino del cementerio es al fin y al cabo tan eficaz para llegar al cielo como el vivir el tiempo de angustia y la traslación, están pensando exclusivamente en sí mismos. Quizá no se den cuenta, pero en realidad están intentando evitar a Cristo. El párrafo que sigue al citado más arriba, lo ilustra:

"En esta vida es donde debemos separarnos del pecado por la fe en la sangre expiatoria de Cristo. Nuestro amado Salvador nos invita a que nos unamos a él, a que unamos nuestra flaqueza con su fortaleza, nuestra ignorancia con su sabiduría, nuestra indignidad con sus méritos... De nosotros está, pues, que cooperemos con los factores que Dios emplea, en la tarea de conformar nuestros caracteres con el modelo divino" (Id.).

No hay, pues, nada que temer, con tal que estemos dispuestos a unirnos a él.

Cuando regresé de África tras años de servicio misionero, me inscribí en un curso universitario de traducción avanzada del griego. Pronto comencé a temer no poder seguir el ritmo de la clase. Un día tras otro los coloquios en griego parecían como olas gigantes que me pasaban por encima de la cabeza. En cierta ocasión dije a la profesora: "Creo que mejor voy a abandonar el curso: es superior a mis posibilidades".

Me respondió: "En mi opinión debería quedarse. Siga en la clase. Yo me encargaré de que progrese". Y lo que vio fue un alumno persistente, paciente, determinado. Me ayudó tanto que finalmente, no sólo terminé el curso, sino que obtuve la máxima calificación. Es una buena ilustración de nuestro Maestro celestial. Si nos mantenemos en su clase, es su obra el que progresemos, y que obtengamos sobresaliente. ¡Su oficio es ser Salvador!

No es por nuestros propios esfuerzos y trabajando duro como "nuestras vestiduras deberán estar sin mácula", y nuestros "caracteres purificados de todo pecado". No: es "por la sangre de la aspersión". Es por la gracia de Dios -que por descontado no recibimos en vano-. Nuestros "propios y diligentes esfuerzos" significan sencillamente cooperación con las agencias que el cielo emplea. Esa maravillosa obra debe ser realizada "por la fe en la sangre expiatoria de Cristo".

Y ¿Qué es fe? Según Juan 3:16, es nuestra respuesta sincera y profunda al Dios amante que se entregó por nuestro bien. El agente eficaz de la justicia por la fe es "la fe en su sangre" (Rom. 3:25). Es una apreciación de corazón, del amor de Dios revelado en la cruz de Cristo:

"Muchos aceptan a Jesús como un artículo de fe, pero no tienen fe salvadora en él como su sacrificio y Salvador. No son conscientes de que Cristo murió para salvarlos de la penalidad de la ley que han transgredido... ¿Creéis que Cristo, como sustituto vuestro, paga la deuda de vuestra transgresión? Pero no para que podáis continuar en pecado, sino para que seáis salvos de vuestros pecados...

Podéis decir que creéis en Jesús cuando apreciáis el costo de la salvación. Podéis decirlo cuando sentís que Jesús murió por vosotros en la cruel cruz del Calvario; cuando tenéis una fe inteligente, razonable, de que su muerte hace posible que ceséis de pecar y que perfeccionéis un carácter recto por la gracia de Dios, que se os otorga como compra de su sangre" (Review and Herald, 24 de julio de 1888).

¿Empiezas a vislumbrar el tremendo poder de la fe? No es que la fe en sí misma haga nada: es Jesús quién lo hace. Pero la justicia es por la fe, y a lo que lleva es a que "ceséis de pecar, y que perfeccionéis un carácter recto". No es extraño que Waggoner exclamara en 1889:

"¡Qué maravillosas oportunidades se ofrecen al cristiano! ¡A qué alturas de santidad puede llegar! No importa la mucha guerra que Satanás pueda hacer contra él, que lo asalte allí donde la carne es más débil; puede morar bajo la sombra del Omnipotente y ser colmado con la plenitud de la fuerza de Dios. El Ser que es más poderoso que Satanás puede morar en su corazón continuamente" (Signs of the Times, 21 de enero de 1889).

¿Qué significa cesar de pecar? La respuesta es clara: No significa dejar de tener una naturaleza pecaminosa o dejar de ser tentado. No significa dejar de experimentar las consecuencias de una herencia pecaminosa o dejar de sentir el llamado de las seducciones desde adentro y desde afuera, que son consecuencia de haber pecado. Significa, en cambio, que por la gracia de Cristo, ¡podemos cesar de ceder a esas presiones! Significa que podemos decir "¡No!" a toda tentación interior o exterior, y "¡Sí!" al Espíritu Santo. Significa que podemos ser hechos verdaderamente obedientes a la ley de Dios, de manera que podemos decir con Cristo: "el hacer tu voluntad, Dios mío, hame agradado, y tu ley está en medio de mis entrañas" (Sal. 40:8).

No significa perfección de la carne. Quizá Jesús, como carpintero, erró el martillazo alguna vez, mellando la madera en lugar de clavar el clavo. ¡Sería una necedad calificar eso de pecado! El pecado tiene relación con la voluntad, con la elección. Obsérvense las expresiones volitivas:

"El pecado de la maledicencia comienza acariciando los malos pensamientos... Un pensamiento impuro tolerado, un deseo insano acariciado, contamina el alma, compromete su integridad... Si no hemos de cometer pecado, debemos cortarlo desde el mismo principio. Todo deseo y emoción deben mantenerse en sujeción a la razón y la conciencia. Debe desecharse inmediatamente todo pensamiento impío...

Nadie puede ser forzado a transgredir. Antes debe ser conquistado su consentimiento; el alma debe proponerse el acto pecaminoso antes de que la pasión pueda dominar la razón, o la iniquidad triunfar sobre la conciencia. La tentación, por fuerte que sea, no es nunca una excusa para el pecado" (Testimonies, vol. V, p. 177).

Lutero dijo sabiamente que no podemos evitar que los pájaros vuelen sobre nuestra cabeza, pero podemos evitar que aniden en ella. El Señor no nos pide que hagamos más de lo que hizo nuestro Salvador. Él también fue "tentado en todo como nosotros", pero eligió decir "¡No!" a la tentación: "no busco mi voluntad, mas la voluntad del que me envió, del Padre" (Juan 5:30). "¡No!" al yo egoísta y a todos sus clamores, por más insistentes que sean. Así podemos elegir nosotros constantemente, por su gracia. Y eso es precisamente a lo que conduce la fe que revela el Nuevo Testamento. "Considerar a Cristo de forma continua e inteligente, tal como él es, transformará a uno en un perfecto cristiano, ya que 'mirando... somos transformados'" (Waggoner, Christ and His Righteousness, p. 5).

Alguien preguntará: "¿significa eso que el pueblo de Dios vencerá solamente los pecados conocidos?, ¿o bien vencerán todo pecado, incluyendo el que ahora se oculta de su conocimiento?" Jones y Waggoner comprendieron con claridad que la "expiación final" del ministerio de Cristo capacitará a su pueblo para que venza todo pecado, incluyendo el que actualmente le pasa inadvertido. Los dos mayores pecados de la historia humana son pecados de carácter inconsciente. Jesús oró: "Padre, perdónalos porque no saben lo que hacen" (Luc. 23:34), refiriéndose a quienes lo crucificaban; y el terrible pecado laodicense de la tibieza se refiere a una condición de la que Cristo declara que la iglesia "no conoce" (Apoc. 3:17). El Señor no puede trasladar el pecado a su reino eterno, ya que de hacerlo así, la semilla escondida brotaría nuevamente, contaminando el universo.

En la Asamblea de la Asociación de 1893, Jones explicó de forma simple y práctica el ministerio del Señor en la hora actual de purificación del santuario:

"Bien, ahora avancemos un poco más en el tema. Él [Cristo] se dio a sí mismo por nuestros pecados; pero... él no va a tomar nuestros pecados -aunque los llevó todos ellos- sin nuestro permiso... la elección relativa a si prefiero mis pecados más bien que a Cristo es enteramente mía, ¿no os parece? [Congregación: "Sí"]... Por lo tanto, a partir de ahora ¿habrá alguna vacilación en despedir todo aquello que Dios muestre que es pecado? ¿lo dejaremos ir, cuando nos sea manifestado? Cuando se os señale el pecado, decid: "prefiero a Cristo que al pecado". Y echadlo [Congregación: "Amén"]. Decid al Señor: "Señor, hago la elección ahora mismo, acepto el trato, te elijo a ti. ¡Fuera el pecado! Tengo algo muy superior"... ¿Qué necesidad tenemos de desanimarnos, en relación con nuestros pecados?

Eso mismo es lo que han hecho algunos de los hermanos aquí reunidos. Llegaron siendo libres, pero el Espíritu de Dios hizo manifiesto algo no visto hasta entonces. El Espíritu de Dios fue más profundamente que nunca antes y reveló cosas que antes no conocían; y entonces, en lugar de agradecer al Señor que eso fuese así, desechar todo lo impío, y agradecer al Señor por tener más de él que nunca antes, comenzaron a desanimarse. Dijeron '¡Oh!, ¿que haré?, son tan grandes mis pecados...'

¿Qué preferís? ¿ser llenos de toda la plenitud de Jesucristo? ¿o tener menos que eso, quedar con algunos de vuestros pecados encubiertos, sin que nunca sepáis de ellos?...

¿Cómo se nos podría poner el sello de Dios -que es la marca de su carácter perfecto revelado en nosotros- siendo que aún albergamos pecados? Dios no nos puede poner el sello, el distintivo de su perfecto carácter sobre nosotros, hasta que no ver que es así efectivamente. Y de esa forma, Dios ha profundizado hasta los lugares ocultos en los que ni soñábamos anteriormente, porque nosotros no podemos comprender nuestros corazones... Él limpiará el corazón, y expondrá el último vestigio de impiedad. Permitámosle avanzar, hermanos, permitámosle continuar en esa obra de investigación...

Si el Señor quitase nuestros pecados sin nuestro conocimiento, ¿qué bien nos haría eso? Eso sería simplemente convertirnos en autómatas...

Somos instrumentos inteligentes, no... máquinas. Somos seres dotados de inteligencia. Dios nos empleará de acuerdo con nuestra propia elección activa" (Bulletin, p. 404 y 405).

Pablo se refiere a eso, cuando dice:

¿Cuánto más la sangre de Cristo, el cual por el Espíritu eterno se ofreció a sí mismo sin mancha a Dios, limpiará vuestras conciencias de las obras de muerte para que sirváis al Dios vivo? (Heb. 9:14).

E. White apoya consistentemente esa maravillosa idea: "Las circunstancias han servido para poner en su conocimiento nuevos defectos en su carácter; pero nada se ha revelado que no estuviera en usted" (Review and Herald, 6 de agosto de 1889). "Su ojo... escudriña todo rincón de la mente, detectando todo autoengaño oculto" (That I May Know Him, p. 290). "Cada uno posee rasgos de carácter todavía ignorados y que deben ser puestos en evidencia por la prueba" (Joyas de los Testimonios, vol. III, p. 191). "Él les revela en su misericordia sus defectos ocultos... Dios quiere que sus siervos se familiaricen con el mecanismo moral de su propio corazón" (Id., vol. I, p. 457). "...Durante la terminación del gran día de la expiación... La iglesia remanente... Sus miembros serán completamente conscientes del carácter pecaminoso de sus vidas..." (Id., vol. II, p. 175 y 176). Véase también cómo el ministerio del santuario es un tipo de la remoción de los pecados del corazón, pecados de los que anteriormente no se era consciente. (Patriarcas y Profetas, p. 199-202, 371 y 372). La crucifixión de Cristo es el pecado más profundo e inconsciente que puede existir (El Deseado de todas las gentes, p. 40; Review and Herald, 12 de junio de 1900); y el juicio final expondrá a la vista el oculto contenido de lo desconocido en la mente del pecador impenitente (Review and Herald, 10 de noviembre de 1896).

Es muy estrecha la relación entre esa verdad y la revelación de 1888 de la justicia de Cristo:

"Cristo estuvo en el lugar de, y tuvo la naturaleza de toda la raza humana. En él confluyeron todas las debilidades del género humano, de manera que todo hombre sobre la tierra que pueda ser tentado, encuentra en Cristo Jesús poder contra esa tentación. En Cristo Jesús hay victoria contra la tentación para toda alma, y liberación del poder de ella. Esa es la verdad" (Jones, General Conference Bulletin, 1895, p. 234).

Permitamos que el propio Waggoner aclare que "la victoria sobre toda tentación" de ninguna manera significa "carne santa" o "perfeccionismo":

"Ahora bien, no equivoquéis la idea. No vayáis a concluir que vosotros y yo vamos a ser tan buenos que podamos vivir independientemente del Señor; no vayáis a suponer que este cuerpo se va a convertir. Si llegáis a esa conclusión, estaréis en grave quebranto y caeréis en pecado flagrante. No penséis que podéis hacer incorruptible lo corruptible. Esto corruptible será hecho incorruptible en la venida del Señor, no antes... Cuando el hombre piensa que su carne es impecable, y que todos sus impulsos vienen de Dios, está confundiendo su carne pecaminosa con el Espíritu de Dios. Está sustituyendo a Dios por sí mismo, colocándose en el lugar de éste, lo que constituye la esencia misma del papado" (General Conference Bulletin, 1901, p. 146).

Jesús vivió una vida sin pecado en semejanza de carne de pecado. Y el pueblo guardador de sus mandamientos tendrá su fe. Waggoner continúa así:

"Condenó el pecado en la carne, demostrando que puede vivir una vida sin pecado en carne pecaminosa. Su vida perfecta será manifestada en carne mortal, de forma que será visible a todos cuando ocurran las siete últimas plagas...

Si su poder no pudiese ser manifestado antes del fin del tiempo de gracia, no habría testimonio útil ante la gente, no sería para ellos un testimonio. Pero antes de que termine el tiempo de gracia habrá un pueblo tan completo en él, que a pesar de poseer carne pecaminosa, vivirá vidas sin pecado. Vivirá vidas sin pecado en carne mortal, porque quien demostró tener poder sobre toda carne vive en ellos, vive una vida sin pecado en carne pecaminosa y una vida irreprochable en carne mortal, y eso será un testimonio incontrovertible; el mayor que puede darse. Entonces vendrá el fin" (Id., p. 146 y 147).

¿Significa eso que el pueblo de Dios que venza como Cristo venció estará compuesto en los últimos días por "pequeños Cristos", asumiendo una posición blasfema? Una deducción tal carece de fundamento. Si bien los mensajeros de 1888 insistieron en que Dios tendrá un pueblo que "copiará el Modelo", en ningún momento insinuaron que lo fuesen a igualar. Cristo como Hijo de Dios infinito y eterno, vivió una vida y murió en un sacrificio irrepetible por la eternidad. Pero siendo cierto que ningún pecador rescatado puede duplicarlo, "...por una justicia vino la gracia a todos los hombres para justificación de vida" (Rom. 5:18) ¿Es que nadie va a llegar jamás a apreciarlo?

Es posible limpiar y pulir un viejo fragmento de espejo para que refleje el brillo del sol hasta deslumbrarnos. Sería disparatado deducir de ahí que el espejo puede igualar al sol. De la Esposa de Cristo, se dice en Cantares 6:10 que está "esclarecida como el sol", pero se trata siempre de luz reflejada, con su origen en Jesús.

La cuestión importante es: ¿se puede limpiar y pulir el viejo fragmento de espejo antes del retorno de Cristo? O mejor: ¿pueden los 144.000 viejos trozos de espejo ser finalmente pulidos hasta reflejar al unísono el carácter del Salvador a modo de preciosa gema corporativa en la que él "verá del trabajo de su alma y será saciado"? ¿pueden ser purificados los fragmentos al fin? ¿o bien deben permanecer sucios y contaminados con el pecado continuado?

Si Cristo fue "tentado en todo según nuestra semejanza, pero sin pecado", ¿será posible cuando cese su ministerio como Sumo Sacerdote que su pueblo también cese de pecar estando todavía en carne pecaminosa, con naturaleza pecaminosa? Si la respuesta es sí, entonces su Esposa puede estar preparada para su venida. Si es que no, las "bodas del Cordero" no pueden jamás tener lugar y la segunda venida tiene que dejar de ser una esperanza realizable. La esperanza y anhelo del mensaje de 1888 se expresan así:

"Alguien formará parte de ese perfecto reino de Dios. Podemos o no formar parte. La elección es nuestra. Somos libres de escoger en un sentido u otro, pero el evento ocurrirá de todas formas. Habrá un pueblo compuesto por representantes de toda tribu y nación (de raza negra, blanca, amarilla, aceitunada, la mayor parte pobres), algunos ricos, pocos grandes hombres, y muchos pequeños hombres. Gente de todas las disposiciones y nacionalidades, de entre todo el mundo. Todos hablando en unidad, sobre el mismo tema, todos manifestando las características del Señor Jesucristo. Eso está todavía por suceder. Si sabemos y creemos que tiene que ocurrir, entonces es posible que ocurra" (Waggoner, General Conference Bulletin, 1901, p. 149).

"Cuando Dios haya dado al mundo ese testimonio de su poder para salvar hasta lo sumo, de salvar seres pecaminosos y vivir una vida perfecta en carne pecaminosa, entonces quitará las dificultades y nos proporcionará mejores circunstancias en las cuales vivir. Pero esa maravilla debe producirse primeramente en el hombre pecaminoso, no solamente en la persona de Jesucristo, sino en Jesucristo reproducido y multiplicado en sus miles de seguidores. De forma que, no solamente en unos pocos casos esporádicos, sino en todo el cuerpo de la iglesia, la perfecta vida [carácter] de Cristo se manifestará al mundo, y eso será el último y culminante acto que determinará la salvación, o bien la condenación de los hombres" (Id., p. 406).

E. White coincide con esa alentadora idea. Véase la siguiente declaración, hacia el final del libro Palabras de vida del gran Maestro:

"La luz de su gloria -su carácter- ha de brillar en sus seguidores... El mundo está envuelto por las tinieblas de la falsa concepción de Dios... En este tiempo, ha de proclamarse un mensaje de Dios, un mensaje que ilumine con su influencia y salve con su poder.. Su carácter ha de ser dado a conocer...

Aquellos que esperan la venida del Esposo han de decir al pueblo: "¡He aquí vuestro Dios! Los últimos rayos de luz misericordiosa, el último mensaje de clemencia que ha de darse al mundo, es una revelación de su carácter de amor. Los hijos de Dios han de manifestar su gloria. En su vida y carácter han de revelar lo que la gracia de Dios ha hecho por ellos.

La luz del Sol de Justicia ha de brillar en buenas obras, en palabras de verdad y hechos de santidad" (p. 341 y 342).

El pensamiento del Esposo se teje ampliamente en la escena bíblica del pueblo de Dios anticipando la venida de Cristo. "Las acciones justas de los santos" constituyen el "lino fino" con el que se viste por fin la Esposa del Cordero (Apoc. 19:8 y 7). El pueblo de Dios viene a ser hecho obediente a su santa ley, de forma voluntaria y gozosa. Y hay algo escatológico único en esta victoria, aplicable a la última generación. No es que el Señor haya prohibido a generaciones anteriores que llegasen a "un varón perfecto, a la medida de la edad de la plenitud de Cristo", sino sencillamente que ninguna generación anterior ha alcanzado de hecho la condición que el Apocalipsis postula para la Esposa de Cristo: "su esposa se ha aparejado" (Apoc. 19:7).

En una boda hay una gran diferencia entre la novia, y la niña que lleva las flores. Ambas son humanas, y ambas femeninas; pero una de ellas, tomando prestada la frase paulina de Efesios 4:13, ha dejado de ser una niña. Ha alcanzado "la medida de la edad de la plenitud de" su Esposo, por cuanto está por fin preparada para permanecer a su lado en simpatía y apreciación. Puede ahora entrar en sus propósitos y cooperar con él. Jamás puede igualarlo, pero a diferencia de la niña que lleva las flores, puede apreciarlo.

¿Nos ha creado Dios quizá varón y hembra, y ha compartido con nosotros los misterios del amor, a fin de enseñar su propósito escatológico a quienes aprecian su gran sacrificio? Cuando su Esposa se haya preparado, vendrá a reclamarla. Dice el Esposo que "os tomaré a mí mismo: para que donde yo estoy, vosotros también estéis". De alguna manera habrá por fin un amor y simpatía mutuos, una identificación, una verdadera unión con Cristo. En eso estaba la fuerza del mensaje de 1888.

La verdadera perfección cristiana es el desarrollo de la fe en los corazones del pueblo de Dios, hasta el punto que la niñita que lleva las flores crezca "en todas cosas en aquel que es la cabeza, a saber, Cristo" (Efe. 4:15). "Unos pocos en cada generación" han vencido de forma evidente, en el sentido de conquistar el yo y reflejar el carácter de Cristo. Enoc y Elías son ejemplos claros. Pero esos pocos nunca hubieron de vérselas con todo el espectro de tentaciones que el pueblo de Dios deberá enfrentar en las escenas finales. La última generación beberá, en un sentido muy particular, de la copa que Cristo bebió, y será bautizada con su bautismo (Primeros escritos, 282-284; Joyas de los Testimonios, vol. I, p. 64; Mat. 20:20-23; S.N. Haskell, en su libro Story of Daniel the Prophet, aplicó esas palabras de Jesús a los creyentes, en el tiempo de la angustia de Jacob, tras haber finalizado el tiempo de gracia).

Desde el Génesis al Apocalipsis, la Biblia es una vibrante historia de amor, con su trágico complot que se desarrolla en los primeros tres capítulos, y el clímax de la resolución en los cuatro últimos. La victoria se ganó en el sacrificio de Cristo. Lo que debe hacer su pueblo es tener fe en tan maravillosa realización por parte de su Señor.

¿Por qué ninguna generación previa, o comunidad de santos, ha estado hasta hoy preparada para las bodas del Cordero? No porque Dios les negase alguna cosa. No más de lo que impide que la niña portadora de las flores se convierta en la novia. La profecía indica que el singular ministerio del gran Sumo Sacerdote en el lugar santísimo coincide con el desarrollo de la novia, que por fin llega a estar preparada:

"Hasta dos mil y trescientos días de tarde y mañana; y el santuario será purificado" (Dan. 8:14). En el día típico de la expiación, en el sistema simbólico, al pueblo le ocurría algo. Dijo el Señor, "en ese día se os reconciliará para limpiaros; y seréis limpios de todos vuestros pecados delante de Jehová" (Lev. 16:30). De manera que en el día antitípico –el cumplimiento real- de la expiación, el sacerdote "limpiará los hijos de Leví, los afinará como a oro y como a plata; y ofrecerán a Jehová ofrenda con justicia" (Mal. 3:3). Esas serán ofrendas exentas de preocupación egocéntrica, que es la mentalidad propia del pecado. Una auténtica novia no va a la boda interesada en la billetera de su novio, sino que lo aprecia por lo que él es. Su solicitud va dirigida hacia él, no hacia ella misma.

Pero hoy por hoy la iglesia remanente es más una damita que lleva las flores, que una novia. La mayoría de cristianos son aun interesados, están preocupados por obtener el premio, su trozo de tarta. Pocos están más motivados por Cristo mismo, que por disfrutar en compañía de su familia de las delicias de la nueva Jerusalem. Ese es el motivo por el que rara vez toman su cruz en servicio para seguirle a él. Pocos sienten la preocupación por el honor y la vindicación del Esposo. Cantamos "aunque en esta vida no tengo riquezas, sé que allá en la gloria tengo mi mansión". Rara vez "Sea él coronado, por los siglos".

Esa noción verdaderamente Cristocéntrica de interés por él, marcó singularmente las presentaciones de los mensajeros de 1888. Considérese el ejemplo siguiente, que constituye una "gran idea", pocas veces expresada en nuestra literatura [Nota: La expresión está tomada de una cita de E. White: "La belleza de la verdad... es tan grande, tan abarcante, profunda y amplia, que el yo se pierde de vista... Predíquese de forma que la gente capte las grandes ideas y descubra el oro profundamente contenido en las Escrituras" (Manuscrito 7, 1894). La frase se hizo célebre en el apogeo de la era de 1888, y fue sin duda inspirada por el mensaje de Jones y Waggoner]:

"Hemos visto que el cuerno pequeño -el hombre de pecado, el misterio de iniquidad- ha instaurado su propio... sacerdocio... en el lugar del sacerdocio santo y celestial... En ese servicio y sacerdocio del misterio de iniquidad, el pecador confiesa sus pecados al sacerdote, y sigue pecando. Ciertamente, en ese ministerio y sacerdocio no hay poder para hacer nada que no sea seguir pecando, incluso tras haber confesado los pecados. Pero, aunque sea triste decirlo, los que hacen profesión de no pertenecer al misterio de iniquidad, sino que creen en Jesús y su sacerdocio celestial, ¿acaso confiesan ellos también sus pecados, para seguir pecando?

¿Hace eso justicia a nuestro gran Sumo Sacerdote, a su sacrificio y a su bendito ministerio?" (Jones, The Consecrated Way, p. 121 y 122).

Amor por Cristo, interés por él y por su gloria. ¿Será posible que algún día de nuestra vida lleguemos al punto en el que eso trascienda a nuestra preocupación por el propio yo y nuestra salvación personal? ¿Aprenderemos por fin, en esta carne mortal, a apreciar "el perfecto amor [que] echa fuera el temor"? La profecía responde afirmativamente. Leemos en Zacarías 12:10 que llegará el momento en el que el pueblo de Dios apartará su atención de sus propios problemas y preocupación por su propia seguridad, y se preocupará por Jesús: "Y mirarán a mí, a quien traspasaron, y harán llanto sobre él, como llanto sobre unigénito, afligiéndose sobre él como quien se aflige sobre primogénito". La razón por la que la iglesia remanente es tibia es porque nos mueve la preocupación egocéntrica. Pero existe una motivación superior: "El amor de Cristo nos constriñe" (2 Cor. 5:14).

Jones y Waggoner lo comprendieron. Tuvo un gran peso específico en su mensaje. Jones continúa así:

"¿Es justo que rebajemos así a Cristo, su sacrificio y su ministerio, prácticamente a la altura de la 'abominación de la desolación', declarando que en el verdadero ministerio no hay más poder o virtud que en el 'misterio de iniquidad'? Que Dios libre hoy y por siempre a esta iglesia y pueblo -sin más demora- de este rebajar hasta lo ínfimo a nuestro gran Sumo Sacerdote, su formidable sacrificio y su glorioso ministerio" (Id., p. 122).

Cuando aprendamos a estar preocupados por él y por su gloria, veremos una nueva dimensión en el conocido texto: "Temed a Dios, y dadle gloria; porque ha llegado la hora de su juicio" (Apoc. 14:7). Dado que "el mundo está envuelto por las tinieblas de la falsa concepción de Dios", "el último mensaje... es una revelación de su carácter de amor...", en la "vida y carácter" de sus discípulos, quienes dirán al mundo: "¡He aquí vuestro Dios!" (Palabras de vida del gran Maestro, p. 342). Así, le darán gloria en la hora de su juicio (Apoc. 14:7).

La clase de oración que solemos hacer, delata motivos egoístas en lo profundo de nosotros. Decimos: "Señor, bendíceme a mí y a mis seres queridos, y no me olvides en tu reino. Bendice a los misioneros para que la obra pueda concluir, y podamos ir en seguida al cielo en gloria". Es ciertamente tiempo de que aprendamos a orar un tipo de oración de alcance superior, en consistencia con una genuina preocupación por el honor de Cristo.

El decir que es imposible obedecer la ley de Dios y que la justicia imputada de Cristo cubrirá nuestros continuos pecados en el sentido de excusarlos, es antinomianismo (desprecio hacia la ley). No glorifica a nuestro Salvador el que "[hagamos] caso de la carne en sus deseos" (Rom. 13:14). En un momento de tentación inesperada, seductora y casi abrumadora, José dijo "¡No!" "Y él no quiso, y dijo... ¿cómo, pues, haría yo este grande mal, y pecaría contra Dios?" (Gén. 39:8 y 9). Honró así al Señor que murió por él. ¡Qué tragedia, si hubiera hecho "caso de la carne en sus deseos", y se hubiera dicho: "No puedes vencer siempre, esta vez es demasiado, me es imposible obedecer ahora. La justicia de Cristo tendrá que cubrirme esta vez"!

El asunto importante en los últimos días, no es la salvación de nuestras pobres almas, sino el honor de Cristo. "Temed a Dios y dadle honra", es el llamado del ángel. La prueba a la que será sometido el pueblo de Dios antes del fin del tiempo de gracia será la marca de la bestia, una prueba que nunca antes en la historia se les ha presentado, mayor incluso que la de los mártires de antaño. Será la obra maestra de seducción satánica, perfeccionada a lo largo de sus seis mil años de experiencia en tentar al pueblo de Dios. Será sabiamente trazada para penetrar profundamente en nuestras almas y si fuere posible, barrernos en la última marea de iniquidad. ¡Un examen final como ese, requiere una preparación cabal!

Mientras tanto, mientras rechazamos la cínica acusación de Satanás de que es imposible para los hijos e hijas de Adán guardar la ley, somos plenamente conscientes de que somos pecadores caídos por naturaleza y que necesitamos siempre un Salvador. "Hijitos míos, estas cosas os escribo para que no pequéis, y si alguno hubiere pecado, abogado tenemos para con el Padre, a Jesucristo el justo". El Espíritu Santo trae insistentemente buenas nuevas al corazón del pecador contrito que ha caído:

"A menudo tenemos que postrarnos y llorar a los pies de Jesús por causa de nuestras culpas y equivocaciones; pero no debemos desanimarnos. Aun si somos vencidos por el enemigo, no somos desechados ni abandonados por Dios" (El camino a Cristo, p. 64).

"Jesús ama a sus hijos, aunque estos yerren... Cuando hacen lo mejor posible, acudiendo a Dios por su ayuda, estad seguros de que el servicio será aceptado, aunque sea imperfecto. Jesús es perfecto. La justicia de Cristo les es imputada, y dirá 'quitadle esas vestimentas viles... y te he hecho vestir de ropas de gala'. Jesús hace provisión para nuestras deficiencias inevitables" (Carta 17a, 1891).

"Si uno que tiene comunión diaria con Dios se desvía del camino, si por un momento deja de mirar firmemente a Jesús, no es porque peca voluntariamente, ya que cuando ve su error, vuelve nuevamente y fija sus ojos en Jesús, y el hecho de que haya errado no lo hace menos querido al corazón de Dios" (Review and Herald, 12 de mayo de 1896).

"Si cometéis errores y sois atrapados en el pecado, no sintáis que no podéis orar... sino buscad más fervientemente al Señor" (Our High Calling, p. 49).

Hay una declaración que puede ser fácilmente forzada de su contexto para sustentar la acusación satánica de que no nos es posible otra cosa que no sea continuar transgrediendo la ley de Dios:

"Cuando, por la fe en Jesús, el hombre actúa de acuerdo a su mejor capacidad, y procura guardar el camino del Señor mediante la obediencia a los diez mandamientos, se le imputa la perfección de Cristo para cubrir la transgresión del alma arrepentida y obediente" (Fundamentals of Christian Education, p. 135).

Pero examinemos el trascendente contexto. Podemos vencer. En la misma página y siguientes, leemos:

"En la cruz del Calvario podemos ver lo que ha costado al Hijo de Dios traer salvación a la raza caída. Así como el sacrificio en favor del hombre fue completo, también la restauración del hombre de la contaminación del pecado debe ser cabal y completa... Se debe batallar contra los pecados opresores, y vencerlos. Los rasgos objetables de carácter, sean estos hereditarios o cultivados, deben ponerse aparte, y comparados con la gran norma de justicia; y en la luz reflejada desde la palabra de Dios se los debe resistir y vencer con firmeza mediante el poder de Cristo" (Id., p. 135 y 136).

E. White en absoluto enseña la sutileza antinomianista de que es imposible resistir plenamente la marca de la bestia (Satanás quiere, con toda seguridad, que creamos tal cosa). "Si alguno hubiere pecado, abogado tenemos..." (1 Juan 2:1): ahora tenemos un abogado; siempre tendremos un Salvador, pero la inspiración nos dice que no tendremos abogado o intercesor por siempre (ver El Conflicto de los siglos, p. 478).

La obra de Cristo como Sumo Sacerdote, en su ministerio final, es preparar un pueblo para afrontar la prueba de la marca de la bestia. E. White lo comprendió con claridad desde los primeros días del movimiento adventista:

"Cuando cesó el ministerio de Jesús en el lugar santo y pasó él al santísimo... envió otro poderoso ángel con un tercer mensaje para el mundo... Tenía por objeto aquel mensaje, poner en guardia a los hijos de Dios, revelándoles la hora de tentación y angustia que los aguardaba... Dijo el ángel: 'tendrán que combatir [cuerpo a cuerpo] contra la bestia y su imagen'... La atención de cuantos aceptan este mensaje se dirige hacia el lugar santísimo, donde Jesús está de pie delante del arca, realizando su intercesión final por todos aquellos para quienes hay aún misericordia y por los que hayan violado ignorantemente la ley de Dios" (Primeros escritos, p. 254).

La justificación por la fe a la luz de la obra final de intercesión de Cristo en el lugar santísimo: esa es la provisión de Dios para preparar a su pueblo para enfrentarse a la prueba de la marca de la bestia. Ese fue el peso del mensaje de 1888, y será el tema del último capítulo de este libro.

Capítulo 9—¿Por qué es fácil salvarse y difícil perderse?

¿O bien es cierto lo contrario?

Ninguno de los dichos de Jesús debiera cuestionarse. La fe en él acepta como verdad todo cuanto dijo.

Pero si alguna declaración de Jesús parece suscitar dudas en las mentes de muchos buenos cristianos, es que sea más fácil salvarse que perderse:

Venid a mí todos los que estáis trabajados y cargados, que yo os haré descansar. Llevad mi yugo sobre vosotros, y aprended de mí,... porque mi yugo es fácil, y ligera mi carga (Mat. 11:28-30).

Evidentemente, la naturaleza humana tiende a pensar que su yugo es difícil. Muchos creen que ser un verdadero cristiano es una empresa cruelmente difícil, ¡una heroicidad que sólo unos pocos pueden soñar con ver realizada! Y una idea tal tiende a frustrar y desanimar a cualquiera que desee sinceramente ser un seguidor de Jesús.

La citada declaración de Jesús provee solamente la primera mitad del título de este capítulo. La otra mitad deriva directamente de las palabras de Jesús dirigidas a Pablo, según el relato que él mismo hace de su conversación con el Señor cuando fue abatido en el camino a Damasco. Pablo refiere al rey Agripa su experiencia:

En mitad del día, oh rey, vi en el camino una luz del cielo, que sobrepujaba el resplandor del sol, la cual me rodeó y a los que iban conmigo. Y habiendo caído todos nosotros en tierra, oí una voz que me hablaba, y decía en lengua hebraica: Saulo, Saulo, ¿por qué me persigues? Dura cosa te es dar coces contra los aguijones (Hech. 26:13-15).

Saulo de Tarso tenía una lucha con su conciencia. El Espíritu Santo llevaba a su alma constantemente la convicción de pecado. Para poder proseguir su maléfica campaña contra Jesús y sus seguidores, había tenido que resistir y neutralizar todas las convicciones y llamados del Espíritu Santo. Eso le resultaba "duro", y pudo haberle conducido a graves trastornos físicos y emocionales. El Señor le amaba tanto que le puso difícil el camino hacia su propia destrucción por la continua impenitencia. Y cuando Saulo vino a convertirse en Pablo, jamás olvidaría la lección. A partir de entonces predicaría ya por siempre que ser salvo es fácil, y perderse, difícil. Había descubierto "buenas nuevas".

Así pues, en palabras de Jesús, su carga es "ligera", y oponerse a su salvación es "duro". Eso es lo que significa la "justicia por la fe", y los mensajeros de 1888 captaron, como Pablo, las enseñanzas de Jesús. Ese fue otro rasgo distintivo del mensaje, que hoy vemos rara vez articulado.

Considérese, por ejemplo, un pasaje de los escritos de Pablo, de aparente ambigüedad:

Digo pues: Andad en el Espíritu y no satisfagáis la concupiscencia de la carne. Porque la carne codicia [lucha, contiende] contra el Espíritu, y el Espíritu contra la carne: y estas cosas se oponen la una a la otra, para que no hagáis lo que quisiereis (Gál. 5:16, 17).

Hay dos formas de entender la declaración: (1) El mal que la carne nos incita a hacer es tan fuerte que ni siquiera el Espíritu Santo es poderoso para socorrernos, resultando sencillamente que "no podemos hacer [el bien] que quisiéramos", o (2) El bien que el Espíritu Santo nos impulsa a hacer se constituye en una motivación tan poderosa que la carne pierde su dominio sobre nosotros, y el creyente en Cristo "no puede hacer [el mal] que [su naturaleza carnal] quisiera" incitarle a hacer.

La primera explicación constituye malas nuevas. Por tanto tiempo como poseáis naturaleza pecaminosa, o por tanto tiempo como poseáis esta carne, estáis condenados a la derrota continua. Y eso es lo que piensan muchos profesos cristianos. Su experiencia refuerza continuamente su creencia, ya que comprueban que la carne es todopoderosa. El apetito, el sexo ilícito, la sensualidad, el orgullo, los celos, el odio, las drogas o el alcohol, el materialismo, hacen retroceder constantemente al Espíritu, y se ven derrotados vez tras vez. Con seguridad, el corazón del Salvador va en su búsqueda. Sabe cuantas veces han derramado lágrimas, repasando en la noche los fracasos del día.

De otra parte, la segunda explicación emerge como las mejores nuevas que uno pueda imaginar. El Espíritu Santo efectúa realmente la "obra", la "lucha" o contienda. Aunque siempre habíamos pensado que éramos nosotros quienes debíamos luchar, según explica Pablo, esa es la parte que la gran tercera Persona de la Deidad realiza. Es más poderosa que la carne. Cada momento de cada día contiene –lucha- contra las incitaciones de nuestra naturaleza pecaminosa, y con nuestro consentimiento las derrota completamente. De hecho, dedica tanto tiempo a cada uno de nosotros en su continua lucha contra el pecado como si fuésemos la única persona en la tierra. Su contienda contra nuestra naturaleza pecaminosa es una obra de 24 horas al día, 7 días a la semana.

¿Cuál de las dos explicaciones es la correcta?

El mensaje de 1888 se decide sin vacilación por la de las buenas nuevas, ya que está en completa armonía con las palabras antes citadas de Jesús. Si Jesús nos asegura que su "carga es ligera" es porque sabe que el poderoso Espíritu Santo es quien eleva la pesada carga. A.T. Jones discernió el significado de las palabras de Pablo:

"Cuando un hombre se convierte, siendo así puesto bajo el poder del Espíritu Santo, no se lo libra de la carne más de lo que se lo separa de ella, con sus tendencias y deseos... No; esa misma carne pecadora, degenerada, está allí... Pero el individuo deja de estar sometido a ella. Es librado de la sumisión a la carne, con sus tendencias y deseos, y se somete ahora al Espíritu. Está bajo el dominio de un poder que conquista, somete, crucifica y mantiene a raya a la carne... La carne misma es puesta en sujeción al poder de Dios, por medio del Espíritu, [de manera que] todas esas cosas impías son cortadas de raíz, evitando así que aparezcan en la vida...

Esa bendita inversión de las cosas tiene lugar en la conversión. Mediante ella, al hombre se le da en posesión el poder de Dios, y bajo el dominio del Espíritu de Dios, es decir, por su poder, reina sobre la carne, con todos sus afectos y concupiscencias; y, mediante el Espíritu, crucifica la carne con los afectos y concupiscencias, en su 'buena batalla de la fe'...

Jesús vino al mundo, y se colocó a sí mismo EN LA CARNE, precisamente allí donde está el hombre; y se enfrentó a esa carne TAL COMO ES ÉSTA, con todas sus tendencias y deseos; y mediante el poder divino que manifestó por la fe, 'condenó al pecado en la carne', trayendo así a todo el género humano la fe divina que procura el poder divino al hombre, para librarlo del poder de la carne y de la ley del pecado, precisamente allí donde éste se encuentra, dándole seguro dominio sobre la carne" (Review and Herald, 18 de septiembre de 1900).

¿Cuál es más poderoso, el pecado o la gracia? Pablo dijo: "cuando el pecado creció, sobrepujó la gracia; para que, de la manera que el pecado reinó para muerte, así también la gracia reine por la justicia para vida eterna por Jesucristo Señor nuestro" (Rom. 5:20 y 21). No ha sido fácil creerlo. ¡Cuán a menudo hemos pensado que la televisión podía más que la reunión de oración! El mundo se nos presenta frecuentemente tan que tan atractivo, que por comparación, la obra del Espíritu Santo parece muy débil. Si es así, hay algo que no está claro para nosotros. No hemos comprendido el evangelio.

Volvemos al mensaje de 1888 en busca de buenas nuevas:

"Cuando reina la gracia, es más fácil hacer el bien que hacer el mal. He aquí la comparación. Nótese: 'de la manera que el pecado reinó para muerte, así también reina la gracia'. Cuando reinaba el pecado, reinaba en contra de la gracia; anulaba todo el poder de la gracia que Dios dio [daba coces contra los aguijones, en la experiencia de Saulo], pero cuando se rompe el poder del pecado y reina la gracia, ésta reina contra el pecado, y anula todo el poder del pecado. Por consiguiente: que bajo el reino de la gracia sea más fácil hacer el bien que el mal, es tan literalmente cierto como que bajo el reino del pecado es más fácil hacer el mal que el bien" (Jones, Id., 25 de julio de 1899).

"Es imposible insistir demasiado en que es tan fácil hacer el bien bajo el reino de la gracia, como hacer el mal bajo el reino del pecado. Tiene que ser así, ya que en caso contrario, si no hay más poder en la gracia que en el pecado, no podría haber salvación del pecado...

La salvación del pecado depende ciertamente de que haya más poder en la gracia que en el pecado. Siendo eso así, allí donde tenga el control el poder de la gracia, será tan fácil la práctica del bien como lo es la del mal cuando no se da esa circunstancia...

La gran dificultad del hombre lo ha sido siempre para hacer el bien. Pero eso sucede porque de forma natural el hombre es esclavo de un poder -el poder del pecado- que es soberano en su reino. Y mientras rija ese poder, no es ya difícil, sino imposible hacer el bien que se conoce y desea hacer. Pero permítase gobernar a un poder superior a ese, y entonces, ¿no será tan fácil servir a la voluntad del poder superior, cuando reina, como lo fue servir a la voluntad del otro poder, cuando reinaba?

Pero la gracia no es simplemente más poderosa que el pecado... Eso, siendo bueno, no lo es todo... Hay mucho más poder en la gracia que en el pecado. Ya que 'donde aumentó el pecado, sobreabundó la gracia'... Que nadie intente servir a Dios con nada menos que el poder actual, viviente de Dios, que hace de él una nueva criatura; con nada que no sea la gracia sobreabundante que condena el pecado en la carne, y reina por la justicia a vida eterna por Jesucristo nuestro Señor. Entonces el servicio a Dios será verdaderamente 'en novedad de vida'; entonces ocurrirá que su yugo es verdaderamente 'fácil', y 'ligera' su carga; entonces su servicio resultará ser en verdad 'con gozo inefable y glorificado' [1 Ped. 1:8]" (Id., 1 de septiembre de 1896).

Como era habitual, Waggoner coincidió plenamente:

"El nuevo nacimiento contrarresta completamente el antiguo. 'Si alguno está en Cristo, nueva criatura es; las cosas viejas pasaron, he aquí todas son hechas nuevas. Y todo esto es de Dios' [2 Cor. 5:17 y 18] El que toma a Dios como la porción de su herencia [Sal. 16:5], tiene un poder que obra en él para justicia, tanto más fuerte que el poder de las tendencias heredadas al mal, como mayor es nuestro Padre celestial, en relación con nuestros padres terrenales" (The Everlasting Covenant, p. 66).

El contexto de la cita de Waggoner de 2 Corintios 5, dice: "El amor de Cristo nos constriñe" (vers. 14). Constreñir es lo contrario a restringir: significa "mover", "empujar".

Como ilustración, intentemos imaginar que uno es un pobre e ignorante esclavo resucitado de algún tiempo remoto en el pasado, antes de que existiesen los vehículos modernos. Nuestro nuevo señor tiene un pesado vehículo a motor, que está al pie de una cuesta empinada. ¡Llévalo hasta la cima!, nos ordena. Empezamos, pues, a hacerlo lo mejor que sabemos: empujándolo. Tras agotador esfuerzo, logramos moverlo unos centímetros, y poner una piedra bajo la rueda para evitar que se pierda todo lo conseguido. Jadeando, nos preguntamos cómo podremos llegar jamás a la cima. (Seguramente no hace falta explicar aquí que para muchos cristianos, la preparación para recibir al Señor es algo tan penoso como el trabajo del esclavo.)

Imaginemos ahora que alguien viene y nos invita a entrar en el vehículo y darle la vuelta a la llave del contacto. Oímos el ruido de la puesta en marcha, preguntándonos qué significado tendrá aquello. Nuestro instructor nos indica cómo manejar el cambio de marchas, el embrague y el acelerador: ¡el vehículo avanza aprisa hacia la cima!

Lo que hace que la vida cristiana parezca tan difícil es solamente una patética ignorancia del puro y verdadero evangelio de Cristo. El amor de Cristo que nos constriñe, es un poder formidable que allana las montañas:

No con ejército, ni con fuerza, sino con mi Espíritu, ha dicho Jehová de los ejércitos. ¿Quién eres tú, oh gran monte? Delante de Zorobabel serás reducido a llanura (Zac. 4:6 y 7).

Allanar montañas como esas está solamente al alcance de potentes excavadoras, pero eso es lo que la comprensión de la cruz hace por nosotros:

Porque el amor de Cristo nos constriñe, pensando esto: Que si uno murió por todos, luego todos son muertos; Y por todos murió, para que los que viven, ya no vivan para sí, mas para aquel que murió y resucitó por ellos (2 Cor. 5:14 y 15).

Analicemos lo que realmente dice:

Si Uno no hubiese muerto por todos, todos seríamos muertos.

Seamos cristianos o paganos, reconozcamos o no nuestra obligación hacia él, debemos todo cuanto somos y tenemos a su sacrificio. Cristo salvó el mundo con su sangre:

"A la muerte de Cristo debemos aun esta vida terrenal. El pan que comemos ha sido comprado por su cuerpo quebrantado. El agua que bebemos ha sido comprada por su sangre derramada. Nadie, santo o pecador, come su alimento diario sin ser nutrido por el cuerpo y la sangre de Cristo. La cruz del Calvario está estampada en cada pan. Está reflejada en cada manantial" (El Deseado de todas las gentes, p. 615).

Cree eso sencillamente -dice Pablo- y se hará imposible el continuar viviendo una vida egocéntrica. El amor de Cristo nos constriñe inmediatamente, y es inevitable que "ya no [vivamos] para sí, mas para aquel que murió y resucitó por [nosotros]". La idea es que encontraremos imposible dejar de servir con entusiasmo al Señor, una vez hayamos comprendido y apreciado el significado real de la cruz de Cristo.

Ese concepto de que ser salvo es fácil y perderse es difícil, impregna la enseñanza de Pablo. Consideremos el siguiente texto:

¿Menosprecias las riquezas de su benignidad y paciencia, y longanimidad, ignorando que su benignidad te guía a arrepentimiento? (Rom. 2:4).

La idea de Pablo es que Dios toma la iniciativa. No está esperando, como muchos lo conciben, con sus divinos brazos cruzados en despreocupada actitud pasiva, mientras vagamos en nuestra condición perdida. No dice: 'Hice el sacrificio por ti hace dos mil años. Ya he hecho mi parte; ahora te toca a ti. Debes tomar la iniciativa. Si quieres venir, ven; y si te parece difícil, es porque no tienes lo necesario para ser un buen cristiano. Algún otro llevará tu corona'. ¿Cuántos miles de personas piensan de esta manera sobre Dios? Y algunos se resignan a sentimientos como: 'Dios tiene mucha gente dispuesta a llevar mi corona. Él no me necesita, y no estoy realmente seguro de que me quiera'.

En contraste, Waggoner pone énfasis en la perseverancia del amor de Dios en su búsqueda de todo hombre (una de sus frases evangelísticas favoritas):

"Y no debemos tratar de mejorar las Escrituras, y decir que la bondad de Dios tiende a llevar a los hombres al arrepentimiento. La Biblia dice que te guía a arrepentimiento, y podemos estar seguros de que es así. Todo hombre es movido al arrepentimiento tan ciertamente como que Dios es bondadoso" (Signs of the Times, 21 de noviembre de 1895).

Cuando oramos por la conversión de un ser querido, un amigo, o un vecino, no es preciso que despertemos a Dios de su sueño, ni que le persuadamos para que haga algo que no tiene deseos de hacer. No es eso lo que Pablo enseña. La bondad de Dios está ya obrando, guiando a la persona al arrepentimiento. El problema es que frecuentemente nosotros impedimos lo que él inició ya. Confundimos la verdadera respuesta a nuestras oraciones porque no hemos comprendido la bondad, gracia y benignidad del Señor en sus verdaderas dimensiones.

Waggoner continúa diciendo:

"No todos se arrepienten. ¿Por qué? Porque menosprecian las riquezas de la benignidad, paciencia y longanimidad de Dios, escapando a su misericordiosa conducción. Pero todo aquel que no resista al Señor, será ciertamente guiado al arrepentimiento y salvación" (Id.).

Eso parece un concepto revolucionario para muchas almas sinceras. Dicen: "no puede ser así: el que se salva ha de tomar la iniciativa y esforzarse con tesón, debe hacer algo para salvarse". Pero los términos están invertidos. Realmente, la verdad es que si deja de resistir, será salvo.

Por más revolucionarias que parezcan, esas son las buenas nuevas del evangelio. Se basan en el amor activo y persistente de Dios.

Y va a la que se perdió, hasta que la halle (Luc. 15:4).

En El Camino a Cristo, p. 27, leemos lo mismo de la pluma de E. White:

"Cuando Cristo los induce a mirar su cruz y a contemplar a Aquel que fue traspasado por sus pecados,... Comienzan a entender algo de la justicia de Cristo...

El pecador puede resistir a este amor, puede rehusar ser atraído a Cristo; pero si no se resiste, será atraído a Jesús; el conocimiento del plan de la salvación le guiará al pie de la cruz, arrepentido de sus pecados, los cuales causaron los sufrimientos del amado Hijo de Dios".

Una vez descubrimos el secreto de ese amor divino activo, que busca, esas buenas nuevas nos "asaltan" desde casi cada página de la Biblia. Observemos estos maravillosos escritos de Pablo:

Empero antes que viniese la fe, estábamos guardados bajo la ley, encerrados para aquella fe que había de ser descubierta. De manera que la ley nuestro ayo fue para llevarnos a Cristo, para que fuésemos justificados por la fe... Porque todos sois hijos de Dios por la fe en Cristo Jesús...

Entre tanto que el heredero es niño, en nada difiere del siervo, aunque es Señor de todo; mas está debajo de tutores y curadores hasta el tiempo señalado por el padre. Así también nosotros, cuando éramos niños, éramos siervos bajo los rudimentos del mundo. Mas venido el cumplimiento del tiempo, Dios envió a su Hijo, hecho de mujer, hecho súbdito a la ley, para que redimiese a los que están debajo de la ley, a fin de que recibiésemos la adopción de hijos (Gál. 3:23-4:5).

Viendo claramente "la ley en Gálatas", Waggoner captó la profunda verdad del pasaje:

"Dios no ha desheredado a la raza humana; por lo tanto, como el primer hombre creado fue llamado 'hijo de Dios', todos los hombres son herederos en el sentido de que lo son en el remanente. Como se ha visto ya anteriormente, 'antes que viniese la fe', aunque todos estábamos alejados de Dios, éramos no obstante guardados bajo la ley, resguardados por un guardián severo, 'encerrados' a fin de que pudiéramos ser guiados a aceptar la promesa. ¡Qué gran bendición representa el hecho de que Dios cuenta al malvado, a aquellos que están bajo la esclavitud del pecado, como a sus hijos! -hijos errantes, pródigos, pero hijos todavía. Dios ha hecho a todos los hombres 'aceptos en el Amado'. Esta vida de prueba nos es dada a fin de concedernos la oportunidad de conocerle como Padre, y llegar a ser verdaderamente hijos" (The Glad Tidings, p. 106).

La idea habitual es que quienes vivieron en la dispensación del Antiguo Testamento fueron guardados bajo la ley, pero en el Nuevo Testamento, vino la fe.

Sin embargo, Waggoner aclara que incluso hoy somos guardados bajo la ley hasta la llegada de la fe, de forma individual en nuestra experiencia. La ley es nuestro instructor, o agente educador, para llevarnos a Cristo. Lo que no aprendemos por la fe, por su gracia, lo aprendemos mediante disciplina. Todo ese infinito cuidado que se nos prodiga individualmente, es para conducirnos a Cristo, "para que fuésemos justificados por la fe". Esto está sucediendo ahora mismo. Todos nosotros, sin excepción, hemos sido "encerrados" "bajo la ley" hasta el momento en que llega la fe. Ese estar encerrado forma parte del proceso que nos lleva a Cristo, otra evidencia del amor activo y persistente del Señor hacia cada uno de nosotros.

Nos resulta muy fácil trazar un círculo que deja fuera a nuestros vecinos aparentemente incrédulos. Pero Waggoner discernió que el círculo que traza el Señor, los incluye, al menos hasta que lo hayan resistido finalmente por un rechazado persistente. Muy a menudo, vemos a quienes no están en nuestro círculo, no como ovejas, sino como lobos. Pero el Señor los mira como a ovejas que han errado, como a los hermanos pequeñitos. Rara vez hemos sabido reconocerlos como hijos de Dios, guardados ciertamente bajo la ley, pero hijos todavía, a quien el Instructor está conduciendo a Cristo.

Así, Gálatas 4 nos brinda ese hermoso pensamiento mediante la ilustración del niño que es heredero de todo. Pero mientras corretea a pie desnudo por el país, está bajo la cautela de tutores y hasta los mismos siervos señorean sobre él, hasta que llega a la edad apropiada. Así sucede con nosotros, explica Pablo: somos menores, chiquillos, como esclavos, hasta que nos llega la mayoría de edad, que consiste en el desarrollo individual de la fe. Por sorprendente que parezca, todo el programa del Señor va dirigido a la salvación de los perdidos!

Ese palpitante evangelio se revela aún más profundamente en el discernimiento de Waggoner, en relación con el don de la gracia divina a todos los hombres:

"Puesto que la herencia es por la justicia que viene por la fe, es igualmente segura para toda la simiente, e igualmente asequible a todos. La fe concede a todos igualdad de oportunidades, ya que la fe es tan fácil para una persona como para la otra. Dios 'ha repartido a cada uno la medida de fe' [Rom. 12:3], y a todos la misma medida; ya que la medida de gracia es la medida de fe, y 'a cada uno de nosotros es dada la gracia conforme a la medida del don de Cristo' (Efe. 4:7). Cristo se da a todo hombre, sin reservas" (Signs of the Times, 27 de febrero de 1896).

En otras palabras, el Señor está obrando hoy en beneficio de todo hombre, mujer y niño que habitan la tierra. Pero esa obra resulta impedida hasta que ellos sepan de la misma; y sólo pueden conocerla mediante la proclamación de las buenas nuevas. Nos ha dicho: "id por todo el mundo, predicad el evangelio a toda criatura" (Mar. 6:15), y debemos comprender que verdaderamente hay poder en ese evangelio si se lo puede liberar del error contaminante, que ha corrompido y frustrado la gracia de Dios. Si hemos tratado de ayudar a la gente y hemos fracasado, es preferible reconocer que haya deficiencias en nuestro conocimiento del evangelio, antes que culpabilizarlos a ellos. Es cierto que hay quien rechazará el evangelio, incluso aunque le sea claramente expuesto, pero muchos más de los que hoy anticipamos lo aceptarán gustosos al contemplarlo en su prístina pureza.

Encontramos esa virtual fijación en el tema de la gracia de Dios, como hilo conductor a lo largo de los escritos de Jones y Waggoner:

"'Porque el Hijo de Dios, Jesucristo, que por nosotros ha sido entre vosotros predicado... no ha sido Sí y No; más ha sido Sí en él. Porque todas las promesas de Dios son en él Sí, y en él Amén, por nosotros a gloria de Dios' (2 Cor. 1:19 y 20). Dios no ha dado al hombre ninguna promesa que no sea a través de Cristo. La fe individual en Cristo es cuanto hace falta para recibir todo lo que Dios ha prometido. Dios no discrimina a personas: ofrece sus tesoros libremente a todos; pero nadie puede tener parte en ellos a menos que reciba a Cristo. Es perfectamente razonable, ya que Cristo se ofrece a todos con la condición de que estén dispuestos a recibirlo" (Waggoner, The Everlasting Covenant, p. 46).

E. White asintió en los siguientes términos:

"Cristo y su misión han sido mal representados, y multitudes se sienten virtualmente apartadas del ministerio del Evangelio. Pero no deben sentirse separadas de Cristo. No hay barreras que el hombre o Satanás puedan erigir y que la fe no pueda traspasar.

Con fe, la mujer de Fenicia se lanzó contra las barreras que habían sido acumuladas entre judíos y gentiles. A pesar del desaliento, sin prestar atención a las apariencias que podrían haberla inducido a dudar, confió en el amor del Salvador. Así es como Cristo desea que confiemos en él. Las bendiciones de la salvación son para cada alma. Nada, a no ser su propia elección, puede impedir a algún hombre que llegue a tener parte en la promesa hecha en Cristo por el Evangelio" (El Deseado de todas las gentes, p. 369).

Sí, ¡el pecador debe resistirse para poder perderse! Tan profundamente le ama el Señor.

Pero el mensaje de 1888 dio un paso de gigante que va más allá de la noción de que, a la luz del evangelio, es más fácil salvarse que perderse. Encontró en los escritos de Pablo seguridad en cuanto a que la muerte de Cristo en la cruz no ofrece solamente una provisión para la salvación del pecador, sino que efectuó realmente su justificación. La muerte y resurrección de Cristo, y también su don del Espíritu Santo, hicieron algo por todo hombre. Veamos primeramente lo que dice Pablo, y posteriormente lo comentado por Jones y Waggoner:

De consiguiente vino la reconciliación por uno, así como el pecado entró en el mundo por un hombre, y por el pecado la muerte, y la muerte así pasó a todos los hombres, pues que todos pecaron... Así que, de la manera que por un delito [de Adán] vino la culpa [el juicio] a todos los hombres para condenación, así por una justicia [de Cristo] vino la gracia a todos los hombres para justificación de vida. Porque como por la desobediencia de un hombre [Adán] los muchos fueron constituidos pecadores, así por la obediencia de uno [Cristo] los muchos serán constituidos justos (Rom. 5:12-19).

Sea lo que fuere lo que Adán pasó a toda la raza humana, Pablo aclara que Cristo lo revirtió para todos los hombres. Pero nos cuesta creer lo que dice Pablo, e intentamos "arreglarlo": 'No, no puede ser cierto lo que dice Pablo. El don gratuito de la justificación vino a unos pocos, no a todos. Vino solamente a quienes hacen algo'. Waggoner, sin embargo, captó la idea de Pablo:

"Aquí no hay ninguna excepción. Lo mismo que la condenación vino a todos, también viene a todos la justificación. Cristo gustó la muerte por todos los hombres. Se dio a sí mismo por todos. Se ha dado a sí mismo a todo hombre. El don gratuito ha venido a todos. El hecho de que sea un don gratuito evidencia el que no haya excepciones. Si hubiese venido solamente sobre quienes acreditasen una determinada calificación, entonces ya no sería un don gratuito. Por lo tanto, es un hecho plenamente aclarado en la Biblia, que el don de la vida y la justicia en Cristo ha llegado a todo hombre sobre la tierra. No hay la menor razón para que cualquier hombre que haya jamás vivido no pueda ser salvo por la eternidad, excepto que él no lo quiera así. Muchos pisotean el don ofrecido tan libremente" (Signs of the Times, 12 de marzo de 1896).

Por extrañas que nos suenen esas palabras a nosotros hoy, están en armonía con lo expresado por el propio Pablo. ¡No es una maravilla que E. White se entusiasmase con el mensaje! Eran buenas nuevas, y presentaban el carácter de Dios en una nueva y más favorable luz. Waggoner continúa diciendo:

"La fe de Cristo debe traer la justicia de Dios, ya que la posesión de una fe tal es la posesión del Señor mismo. Esa fe se concede a todo hombre, de la manera que Cristo se dio a sí mismo a todo hombre. Quizá te preguntes qué impide que todo hombre sea salvo. La respuesta es: Nada, excepto el hecho de que no todo hombre guardará la fe. Si todos guardasen todo lo que Dios les da, todos serían salvos" (Id. 16 de enero de 1896).

Hay mucho a lo que el pecador debe resistir, si quiere insistir en perderse. No es pues extraño que sea difícil perderse.

La apreciación de que la justificación ha venido a todos los hombres, provee en abundancia la motivación que se requiere para vivir una vida consagrada:

Porque el amor de Cristo nos constriñe, pensando esto: Que si uno murió por todos, luego todos son muertos; y por todos murió, para que los que viven, ya no vivan para sí, mas para aquel que murió y resucitó por ellos (2 Cor. 5:14 y 15).

La idea que Pablo expresó parece tan clara, que uno se pregunta cómo Calvino pudo concebir la idea de que Cristo muriese solamente por los elegidos. Cree simplemente que murió por ti, y reconoce sin dilación que nada puedes hacer por ti mismo. Estás infinita y eternamente en deuda con él. Se hace así imposible vivir una vida centrada en el yo. La ecuación "si uno murió por todos, luego todos son muertos" encierra poder en sí misma. Simplemente cree la "increíble" verdad, y la salvación se hace fácil.

Habiendo visto el apoyo bíblico a las grandes ideas de la motivación evangélica enunciadas por Jones y Waggoner, examinemos ahora cómo concuerdan con la enseñanza de E. White:

"El amor infinito ha establecido un camino por el cual los redimidos del Señor pueden transitar de la tierra al cielo. Ese camino es el Hijo de Dios. Se han enviado guías angélicos para dirigir nuestros pies errantes. La gloriosa escalera al cielo se ha colocado en todos los caminos del hombre, dificultando la senda hacia el vicio y la locura. Para poder entregarse a una vida de pecado tiene que pisotear al Redentor crucificado" (Our High Calling, p. 11).

En los escritos de E. White encontramos implícita la verdad de que el amor de Dios es activo y va a la búsqueda del pecador. Éste debe resistirlo para poder perderse:

"Dios es luz, y en él no hay ningunas tinieblas. De no haber luz, no podría existir la sombra. Pero si bien las sombras aparecen con el sol, no son originadas por éste. Son los obstáculos quienes ocasionan las sombras. Así, las tinieblas no emanan de Dios... El desprecio de la luz que Dios ha dado, desemboca en un resultado cierto: crea una sombra, unas tinieblas que son más densas por contraste con la luz que ha sido enviada...

'Todo lo que el hombre sembrare, eso también segará' (Gál. 6:7). Dios no destruye a ningún hombre. Quienquiera sea destruido es porque se destruirá a sí mismo. Cuando un hombre sofoca las admoniciones de la conciencia, está sembrando las semillas de la incredulidad, y éstas producen una cosecha segura" (Id., p. 26).

A los adventistas se nos ha acusado, a veces con cierta razón, de enseñar que cuando regrese por segunda vez, Cristo estará lleno de afán de venganza asesina y sed de sangre. Algunos han representado a Cristo como viniendo con una especie de arma cósmica que emite rayos mortíferos para destruir a sus enemigos. Pero el mensaje de 1888 no presentaba una distorsión tal del carácter de Dios. Será "este mismo Jesús que ha sido tomado desde vosotros arriba en el cielo" el que regresará la segunda vez. Los pecadores habrán cambiado; él no. Son ellos y no él, quienes se habrán endurecido.

Si uno fuma durante años seis o siete paquetes de cigarrillos al día y contrae finalmente cáncer de pulmón, ¿podrá decir "Dios me ha destruido"? Ciertamente, todo quien sea destruido lo será porque se destruye a sí mismo.

Véase cómo, en un corto párrafo, E. White repite siete veces que quienes no se salven se perderán solamente por su propia elección y no por una expulsión arbitraria por parte del Señor:

"(1) Una vida de rebelión contra Dios los ha inhabilitado para el cielo. (2) La pureza, la santidad y la paz que reinan allí serían para ellos un tormento; (3) la gloria de Dios, un fuego consumidor. (4) Ansiarían huir de aquel santo lugar. (5) Desearían que la destrucción los cubriese de la faz de Aquel que murió para redimirlos. (6) La suerte de los malos queda determinada por la propia elección de ellos. (7) Su exclusión del cielo es un acto de su propia voluntad y un acto de justicia y misericordia por parte de Dios" (El conflicto de los siglos, p. 598).

Si eclipsamos la cruz de Cristo, entonces debemos admitir que es terriblemente difícil ser salvo. Se agota la motivación para ser consagrados y devotos. El llamado de la tentación al mal se vuelve todopoderoso. El Salvador viene a ser "como raíz de tierra seca", y su evangelio "sin atractivo, para que lo deseemos". Esa es la experiencia cristiana de muchos miembros de iglesia. Pero si aceptamos el evangelio de su gracia, libre de adulteración, dijo A.T. Jones que incluso la elección de llevar la cruz de Cristo se convierte en fácil. Y con toda seguridad, ese tema de la elección es lo único que podría ser difícil en la salvación. Si a la luz de la cruz de Cristo, hasta eso se hace fácil, ¡ciertamente ya es nuestra!

"Si el Señor ha sacado a la luz pecados en nosotros de los que nunca antes sospechamos, lo único que eso significa es que está avanzando en profundidad, y llegará finalmente hasta el fondo; y cuando encuentre la última cosa que sea sucia o impura, que no está en armonía con su voluntad y la revele a nosotros, si decimos 'prefiero al Señor que a eso', entonces la obra está completa y el sello del Dios viviente puede ser puesto en el carácter. [Congregación: 'Amén']. Qué preferís, ¿tener un carácter [algunos en la congregación empezaron a alabar al Señor, y otros a mirar alrededor]. No importa, si muchos más de vosotros expresaseis vuestro agradecimiento al Señor por lo que os ha dado, habría más gozo en esta casa esta noche.

Qué preferís, ¿tener la plenitud de Jesucristo, o tener menos que eso, cubiertos algunos de vuestros pecados de forma que nunca sepáis de ellos? [Congregación: 'Su plenitud']. ¿No veis que los Testimonios nos han dicho que si todavía hay ahí una sombra de pecado, no podremos recibir el sello de Dios? ¿De qué manera puede el sello de Dios, que es la marca de su perfecto carácter revelado en nosotros, sernos colocado, si quedan aún pecados en nosotros?

...Y así, ha cavado en las profundidades de las que nunca soñamos, porque no podemos comprender nuestros corazones... El limpiará el corazón, y revelará el último vestigio de maldad. Dejémosle obrar, hermanos; permitámosle proseguir en esa obra investigadora...

Para vosotros, como para mí, se trata simplemente de un asunto de elección vital, de si nos quedaremos con el Señor o con nosotros mismos; la justicia del Señor o nuestros pecados; el camino del Señor o el nuestro. ¿Cuál escogeremos? [Congregación: 'El camino del Señor']. No hay... [dificultad] en hacer la elección cuando comprendemos lo que el Señor ha hecho, y lo que es para nosotros. La elección es fácil. Que la entrega sea completa" (Jones, General Conference Bulletin, 1893, p. 404).

Waggoner estaba de acuerdo. Uno debe luchar contra la verdad para que se haga difícil creer:

"Creer es tan natural para el niñito hijo de un infiel, como lo es para el de un santo. Es solamente cuando erigimos una barrera de orgullo sobre nosotros mismos (Sal. 73:6) que encontramos difícil creer" (Signs of the Times, 6 de agosto de 1896).

Permitamos a Jones, con su estilo directo y franco, decir más sobre el tema:

"¿Puede alguien vivir a aquello a lo que murió? -No. Por lo tanto, si ha muerto al pecado, ¿como podrá vivir aún en pecado?... Imaginemos que un hombre muere a causa del delirium tremens, o de la fiebre tifoidea. ¿Querría vivir en delirium tremens o fiebre tifoidea, en el caso en que pudiese ser devuelto a la vida y comprendiese cuál fue su final? El solo pensamiento de ello sería la muerte para él, ya que fue una vez la causa de su muerte. Así es para quien ha muerto al pecado... No puede vivir en aquello a lo que murió.

Pero el gran problema para mucha gente es que no han estado tan enfermos de pecado como para morir... Enferman quizá de algún pecado particular, y quieren remediar eso, quieren 'morir a' ese pecado, y creen que lo han abandonado. Más adelante, enferman de otro pecado particular que piensan que no les conviene, ya que no pueden conservar el favor y la consideración de la gente si manifiestan ese pecado, y entonces intentan liberarse de él. Pero no enferman de pecado: el pecado en sí mismo, en su concepción, en abstracto, revista la forma que revista. No enferman al pecado en sí mismo, lo suficientemente como para morir a él. Cuando el hombre se pone lo bastante enfermo... de pecado... es imposible verlo vivir aun en el pecado" (General Conference Bulletin, 1895, p. 352).

¿Qué provee el poder para morir de ese modo al pecado? Efectivamente, la cruz de Cristo. Jones continúa así:

"Constantemente tenemos la oportunidad de pecar. Siempre se nos presentan ocasiones para ello... día tras día. Pero está escrito: 'Llevando siempre por todas partes la muerte de Jesús en el cuerpo' [2 Cor. 4:10]. 'Cada día muero' [1 Cor. 15:31]. La sugestión a pecar es muerte para mí... en él.

Por lo tanto, eso se expresa en forma de pregunta escrutadora: 'Los que somos muertos al pecado, ¿cómo viviremos aún en él? ¿O no sabéis que todos los que somos bautizados en Cristo Jesús, somos bautizados en su muerte?' (Rom. 6:2 y 3)...

'Porque el pecado no se enseñoreará de vosotros' (Rom. 6:14). Quien es librado del dominio del pecado, es librado del servicio del pecado... Jesús murió, y somos muertos con él. Y él vive. Y nosotros que creemos en él, estamos vivos con él... 'Con

Cristo estoy juntamente crucificado' (Gál. 2:20). Tan ciertamente como él está crucificado, lo estoy yo. Tan ciertamente como él muere, estoy yo muerto con él. Tan ciertamente como es enterrado, fui enterrado con él. Por lo tanto, no serviré al pecado" (Id., p. 353).

El evangelio "es potencia de Dios para salud a todo aquel que cree" (Rom. 1:16). Quizá la ilustración de la dirección asistida de un vehículo puede ayudarnos a comprender cuán fácil es ser salvo y cuán difícil perderse. Tratemos de manejar el volante de un vehículo con dirección asistida, cuando el motor no está en funcionamiento. Es algo realmente difícil. Si se trata de un pesado camión, es prácticamente imposible, a menos que el motor en funcionamiento provea la energía o asistencia al mecanismo de dirección.

Si el motor está en marcha, entonces hasta un niño puede girar el volante a uno u otro lado. La asistencia lo convierte en fácil.

Pero, como conductores que somos, sigue corriendo de nuestra parte escoger por qué ruta vamos a circular. El mecanismo asistido nunca nos exime de la prudencia o la responsabilidad de escoger. No entramos a nuestro vehículo de brazos cruzados, diciéndole: "¡Llévame al trabajo!" Una vez hemos elegido girar a derecha o izquierda, aplicando ese mínimo esfuerzo para mover el volante, inmediatamente opera la asistencia a la dirección, facilitando el trabajo.

La sierva del Señor dedica consejos útiles a quienes sienten que salvarse es difícil:

"Muchos dicen: '¿Cómo me entregaré a Dios?' Deseáis hacer su voluntad, mas sois moralmente débiles, esclavos de la duda y dominados por los hábitos de vuestra vida de pecado. Vuestras promesas y resoluciones son tan frágiles como telarañas. No podéis gobernar vuestros pensamientos, impulsos y afectos. El conocimiento de vuestras promesas no cumplidas y de vuestros votos quebrantados debilita la confianza que tuvisteis en vuestra propia sinceridad, y os induce a sentir que Dios no puede aceptaros; mas no necesitáis desesperar. Lo que debéis entender es la verdadera fuerza de la voluntad [elección]. Esta es el poder gobernante en la naturaleza del hombre, la facultad de decidir o escoger. Todo depende de la correcta acción de la voluntad [elección]. Dios dio a los hombres el poder de elegir; a ellos les toca ejercerlo. No podéis cambiar vuestro corazón, ni dar por vosotros mismos sus afectos a Dios; pero podéis escoger servirle. Podéis darle vuestra voluntad, para que Él obre en vosotros tanto el querer como el hacer, según su voluntad. De ese modo vuestra naturaleza entera estará bajo el dominio del Espíritu de Cristo, vuestros afectos se concentrarán en Él y vuestros pensamientos se pondrán en armonía con Él" (El Camino a Cristo, p. 47 y 48).

¿Son las buenas nuevas de ese mensaje mero inmovilismo, la herejía de que el pecador no tiene nada que hacer, excepto quedarse quieto, a modo de masa manipulada por la voluntad divina? Veamos una declaración que algunos asumen de forma superficial que contradice el mensaje aludido en este capítulo, pero que bien comprendida armoniza perfectamente con él:

"Cristo no nos ha dado la seguridad de que sea fácil lograr la perfección del carácter. Un carácter noble, cabal, no se hereda. No lo recibimos accidentalmente. Un carácter noble se obtiene mediante esfuerzos individuales, realizados por los méritos y la gracia de Cristo. Dios da los talentos, las facultades mentales; nosotros formamos el carácter. Lo desarrollamos sosteniendo rudas y severas batallas contra el yo. Hay que sostener conflicto tras conflicto contra las tendencias hereditarias. Tendremos que criticarnos a nosotros mismos severamente, y no permitir que quede sin corregir un solo rasgo desfavorable" (Palabras de vida del gran Maestro, p. 266).

¿Acaso lo anterior anula las buenas nuevas de la gracia de Cristo? ¿Contradice quizá lo escrito: "mi yugo es fácil, y ligera mi carga"? Algunos citan otras declaraciones de E. White en la pretensión de cuestionar ese aspecto de las buenas nuevas del mensaje de 1888

[Algunas de las declaraciones se encuentran en Mensajes para los jóvenes, p. 97-102; Profetas y Reyes, p. 61; Testimonies vol. II, p. 445 y 446; vol. VI, p. 286. Un estudio cuidadoso, sin embargo, muestra que no hay contradicción. El "camino estrecho" no es necesariamente difícil: es estrecho, lo que significa que no podemos pasar llevando a cuestas el equipaje mundanal del egoísmo. Debemos pelear verdaderamente "la buena batalla de la fe", pero se trata precisamente de eso, de la batalla de la fe. Ciertamente hemos de esforzarnos y orar sin cesar. Pero debemos también respirar continuamente para continuar vivos: ¿es eso difícil? También debemos comer varias veces al día: ¿resulta difícil? Una persona sana respira y activa sus músculos, lo mismo que un cristiano: se alimenta, respira (ora) y encuentra placer en la actividad y ejercicio constantes, más bien que en la inactividad e indolencia].

No debemos nunca olvidar que hay en verdad batallas intensas y fieras contra el yo, así como continuos conflictos. Pero esa declaración resalta que nuestro esfuerzo individual sería inútil sin los méritos y la gracia de Cristo. ¡Nunca se debe perder de vista la cruz! De hecho, convierte en fácil nuestra parte.

¿Fue "ligera su carga" en el jardín del Getsemaní o en la cruz? No. Su propia dura batalla con el yo, en Getsemaní y en la cruz, le hizo sudar gotas de sangre. Sí, hasta su mismo corazón se rompió en su agonía final. ¿Qué significa? ¿Por qué nos dijo que su carga era ligera?

Él sufrió toda esa difícil y terrible agonía para salvarnos. La carga de la que habla en Mateo 11:30 es su carga, cuando la llevamos nosotros. La fe que obra por el amor la convierte en ligera, cuando apreciamos lo pesada que fue para él.

Lo único difícil para ser un verdadero cristiano es la elección de someter el yo para que sea crucificado con Cristo. No se nos pide jamás que seamos crucificados solos. Siempre con él.

Gracias a Dios, es un millón de veces más fácil para nosotros el ser crucificados con Cristo, de lo que fue para él ser crucificado solo, por nosotros. Contempla al Cordero de Dios, y se convierte realmente en fácil.

> Cuando miro a la magna cruz
>
> donde murió el Príncipe de gloria,
>
> Cuento por pérdidas mis más caras ganancias,
>
> Y se desvanece mi orgullo.

Si hasta incluso eso pareciese difícil, recuérdese que resulta mucho más difícil continuar luchando contra un amor como ese, y combatiendo contra el ministerio persistente del Espíritu Santo, a fin de perderse.

Capítulo 10—La purificación del santuario y el mensaje de 1888

Nunca insistiremos demasiado en la relación que guardan entre sí la justificación por la fe y la purificación del santuario. Sin embargo, presenciamos un extraño silencio a propósito de esa verdad. Muchos distan de poseer una idea inteligente de lo que significa la purificación del santuario.

Necesitamos una comprensión clara de esa importantísima verdad a fin de enfrentar las pruebas de los últimos días.

"El pueblo de Dios debería comprender claramente el asunto del santuario y del juicio investigador. Todos necesitan comprender por sí mismos el ministerio y la obra de su gran Sumo Sacerdote. De otro modo, les será imposible ejercitar la fe tan esencial en nuestros tiempos, o desempeñar el puesto al que Dios los llama...

El santuario en el cielo es el centro mismo de la obra de Cristo en favor de los hombres [justificación por la fe]. Concierne a toda alma que vive en la tierra. Nos revela el plan de la redención, nos conduce hasta el fin mismo del tiempo y anuncia el triunfo final de la lucha entre la justicia y el pecado" (El conflicto de los siglos, p. 543 y 544).

Más aún, la gran verdad del santuario es el fundamento del mensaje adventista del séptimo día. Algunas declaraciones significativas, tomadas del libro El evangelismo, ayudarán a reconocerlo:

"La correcta comprensión del ministerio del santuario celestial es el fundamento de nuestra fe" (p. 165).

"El asunto del santuario fue la clave que aclaró el misterio del chasco de 1844. Reveló todo un sistema de verdades, que formaban un conjunto armonioso y demostraban que la mano de Dios había dirigido el gran movimiento adventista, y al poner de manifiesto la situación y la obra de su pueblo le indicaba cuál era su deber de allí en adelante.

El pueblo de Dios ha de tener ahora sus ojos fijos en el santuario celestial, donde se está realizando el servicio final de nuestro gran Sumo Sacerdote en la obra del juicio: donde él está intercediendo por su pueblo" (p. 166).

A poco que conozcamos los métodos de Satanás, no podemos esperar otra cosa de su parte, que no sea dirigir sus más sofisticados, sutiles y arteros ataques contra esa verdad singular de la purificación del santuario.

"En el futuro surgirán engaños de toda clase, y necesitamos terreno sólido para nuestros pies... El enemigo presentará falsas doctrinas, tales como la doctrina de que no existe un santuario. Este es uno de los puntos en los cuales algunos se apartarán de la fe...

Se acerca el tiempo en que las facultades engañosas de los agentes satánicos se desarrollarán plenamente. Por un lado está Cristo, a quien se le ha dado todo poder en el cielo y en la tierra. Por el otro lado está Satanás, ejerciendo continuamente su poder para seducir, para engañar con fuertes sofismas espiritistas, para quitar a Dios del lugar que debe ocupar en la mente de los hombres.

Satanás está luchando continuamente para sugerir suposiciones fantásticas con respecto al santuario, degradando las maravillosas imágenes de Dios y el ministerio de Cristo por nuestra salvación, a fin de convertirlas en algo que cuadre con la mente carnal. Quita de los corazones de los creyentes el poder director de esas imágenes divinas y lo suple con teorías fantásticas inventadas para anular las verdades de la expiación, y para destruir nuestra confianza en las doctrinas que hemos considerado sagradas desde que fuera dado por primera vez el mensaje del tercer ángel. Así quisiera él despojarnos de nuestra fe en el mismo mensaje que nos ha convertido en un pueblo separado, y que ha dado carácter y poder a nuestra obra" (Id., p. 167).

El mensaje de 1888 renovó el interés en ese ministerio final de nuestro gran Sumo Sacerdote y restauró su poder en los corazones de los creyentes. Como es bien sabido, el mensaje fue ampliamente rechazado, o al menos, fue objeto de triste negligencia. Pero ese hecho y cuanto de él deriva no debe hacer que dejemos de apreciar el lugar del santuario en el mensaje mismo. E. White comprendió su significado. Habiendo experimentado personalmente la vibrante expectativa del pronto regreso de Cristo en el movimiento de 1844, no perdió jamás ese primer amor. Reconoció casi intuitivamente en el mensaje de 1888, las buenas nuevas que anunciaban al corazón anhelante: "¡He aquí viene el Esposo, salid a recibirle!" Escuchó los benditos pasos de las pisadas divinas que tan pocos de sus contemporáneos tuvieron oídos para oír.

Ese nuevo desarrollo era la conjugación de la verdad adventista de la purificación del santuario con una revelación más profunda de la justificación por la fe. Algo así como la confluencia de dos ríos que habían discurrido separadamente para reunirse por fin, produciendo un caudal sobre el que la nave pudiera llegar a buen puerto. Discernió en el mensaje las gloriosas dimensiones de la gracia divina, provista con el fin de preparar a un pueblo para la venida del Señor. La emoción la embargó. Reconoció que "unión con Cristo" significaba unión con él en la obra de expiación final, en contraste definido con su obra en el primer departamento del santuario, cuya puerta se hallaba ahora cerrada. (Ver Primeros Escritos, p. 55, 56, 260 y 261).

En una serie de artículos escritos poco después de la Asamblea de 1888, expuso de forma enfática e insistente, semana tras semana, la magnitud de su profunda impresión. El mensaje de Jones y Waggoner estaba vitalmente relacionado con la verdad del santuario. Obsérvese el progresivo in crescendo:

"Estamos en el día de la expiación, y debemos actuar en armonía con la obra de Cristo de purificar el santuario de los pecados del pueblo. Que nadie que desee hallarse vistiendo los vestidos de boda, resista a nuestro Señor en su obra. Sus seguidores en este mundo obrarán en conformidad con él. Debemos presentar ahora ante la gente la obra que por la fe vemos realizar a nuestro Sumo Sacerdote en el santuario celestial" (Review and Herald, 21 de enero de 1890).

"Cristo está en el santuario celestial, y está allí para hacer expiación por el pueblo... Está limpiando el santuario de los pecados del pueblo. ¿Cuál es nuestra obra? Nuestra obra consiste en estar en armonía con la obra de Cristo. Debemos obrar con él por la fe, estar unidos a él... Debe prepararse un pueblo para el gran día de Dios" (Id., 28 de enero de 1890).

"La obra intercesora de Cristo, los grandes y santos misterios de la redención, no son comprendidos ni estudiados por el pueblo que pretende tener más luz que cualquier otro pueblo sobre la faz de la tierra" (Id., 4 de febrero de 1890).

"Cristo está purificando el templo en el cielo de los pecados del pueblo, y debemos obrar en armonía con él en la tierra, purificando el templo del alma de su contaminación moral" (Id., 11 de febrero de 1890).

"El pueblo no ha entrado en el lugar santo [santísimo], donde Jesús ha entrado para hacer expiación por sus hijos. A fin de comprender las verdades para este tiempo, necesitamos el Espíritu Santo. Pero hay sequía espiritual en las iglesias" (Id., 25 de febrero de 1890).

"Está irradiando luz desde el trono de Dios. ¿Para qué? Para que haya un pueblo preparado para permanecer en pie en el día de Dios" (Id., 4 de marzo de 1890).

"Hemos estado oyendo su voz de una forma más definida, en el mensaje que se ha abierto camino en los últimos dos años, declarándonos el nombre del Padre... No hemos hecho más que captar un tenue destello de lo que es la fe" (Id., 11 de marzo de 1890).

"Habéis estado recibiendo luz del cielo en el último año y medio, a fin de que el Señor pueda conduciros a su carácter y entretejerlo en vuestra experiencia...

Si nuestros hermanos fuesen todos obreros juntamente con Dios, no dudarían de que el mensaje que nos ha enviado en los últimos dos años es del cielo...

Supongamos que borraseis el testimonio que se ha dado en estos dos últimos años proclamando la justicia de Cristo, ¿a quién podríais señalar entonces como portador de luz especial para el pueblo?" (Id., 18 de marzo de 1890).

El mensaje de Jones y Waggoner dirigía la atención a los aspectos prácticos del ministerio sumo-sacerdotal de Cristo. Es allí donde confluían los dos grandes ríos, la verdad del santuario y la justificación por la fe. Jones vio claramente la relación. El mensaje no era solamente un llamado a la vida santa, sino que proveía además los medios para lograr ese fin:

"La purificación del santuario [en el servicio simbólico terrenal] consistía en echar fuera del santuario, en limpiarlo 'de las inmundicias de los hijos de Israel y de sus rebeliones, y de todos sus pecados' (Lev. 16:16) que en virtud del ministerio de los sacerdotes habían sido llevados al santuario en el servicio durante todo el año.

La conclusión de esa obra del santuario y para el santuario constituía, pues, la conclusión de la obra para el pueblo... La purificación del santuario afectaba e incluía al pueblo, tanto como al santuario mismo...

Y la purificación del santuario era una figura de la auténtica purificación de aquel verdadero tabernáculo que el Señor asentó y no hombre, de todas las inmundicias de los creyentes en Jesús a causa de las rebeliones, y de todos los pecados de ellos. Y el momento de esa purificación del verdadero santuario, en palabras del Eterno, es 'hasta dos mil y trescientos días de tarde y mañana'... en 1844...

Eso se efectúa en la purificación del santuario, justamente al acabar la prevaricación y concluir el pecado [Dan. 9:24] en el perfeccionamiento de los creyentes en Jesús, de una parte; y de la otra parte al acabar la prevaricación y concluir el pecado en la destrucción de los impíos y la purificación del universo de toda mancha de pecado que haya podido jamás existir.

La consumación del misterio de Dios [Apoc. 10:7] es la culminación de la obra del evangelio. Y la culminación de la obra del evangelio es, primeramente, la remoción de todo vestigio de pecado y el establecimiento de la justicia perdurable: Cristo formado plenamente en el interior de cada creyente, Dios manifestado en la carne de todo creyente en Jesús; y en segundo lugar, la culminación de la obra del evangelio significa por otra parte la destrucción de todos aquellos que por entonces no lo hayan recibido (2 Tes. 1:7-10); ya que no está en los designios del Señor el continuar dando vida a hombres, cuando el único uso posible que de ella harían fuese acumular más y más miseria sobre sí mismos...

El servicio del santuario terrenal muestra también que a fin de que el santuario pudiera ser purificado y el evangelio siguiese su curso hasta su culminación, debía primeramente alcanzar la culminación en el pueblo que participaba del servicio. Es decir: en el santuario mismo no se podía concluir el pecado, no se podía acabar la prevaricación y expiar la iniquidad... hasta que eso se cumpliese en cada persona que tomaba parte en el servicio del santuario. El mismo santuario no podía ser purificado hasta que cada uno de los adoradores fuese purificado. El santuario no podía ser purificado mientras, a través de las confesiones del pueblo y las intercesiones de los sacerdotes, se continuaba introduciendo en él un torrente de iniquidades, transgresiones y pecados.

...Ese torrente debe ser cortado en sus fuentes, en los corazones y vidas de los adoradores, antes de que pueda purificarse el santuario mismo.

Por lo tanto, la primera obra en la purificación del santuario era la purificación del pueblo...

Y ese es el genuino objetivo del verdadero sacerdocio en el verdadero santuario... El sacrificio, el sacerdocio y el ministerio de Cristo en el verdadero santuario, quita los pecados para siempre, convierte en perfectos a los que se allegan a él, hace 'perfectos para siempre a los santificados' [Heb. 10:14]" (Jones, The Consecrated Way, p. 113-119).

El mensaje de Jones y Waggoner reconoció claramente que el perdón de los pecados es una declaración judicial que descansa enteramente en la expiación efectuada en la cruz. Tiene un fundamento objetivo. Pero comprendieron también que el término bíblico perdón significa "quitar" realmente el pecado. Así, desde la Asamblea de 1888, reconocieron la importante distinción entre el ministerio continuo o diario en el santuario, y el servicio anual: distinguieron entre el perdón de los pecados y el borramiento de éstos. Escrito poco después de la reunión en Minneapolis, el siguiente párrafo expresa la comprensión de Waggoner al respecto:

"Cuando Cristo nos cubre con el manto de su propia justicia, no provee un capote para el pecado, sino que quita el pecado. Y eso muestra que el perdón de los pecados es más que una mera formalidad, más que una anotación en los registros de los libros del cielo al efecto de que el pecado ha sido cancelado. El perdón de los pecados es una realidad; es algo tangible, que afecta vitalmente al individuo. Lo limpia realmente de culpa; y si está libre de culpa, es justificado, hecho justo, ha experimentado ciertamente un cambio radical. Es verdaderamente otra persona" (Christ and His Righteousness, p. 61 y 62).

El Espíritu de profecía señala enfáticamente el borramiento de los pecados como la culminación del ministerio del Sumo Sacerdote:

"Este ministerio siguió efectuándose durante dieciocho siglos en el primer departamento del santuario. La sangre de Cristo, ofrecida en beneficio de los creyentes arrepentidos, les aseguraba perdón y aceptación cerca del Padre, pero no obstante, sus pecados permanecían inscritos en los libros de registro. Como en el servicio típico había una obra de expiación al fin del año, así también, antes de que la obra de Cristo para la redención de los hombres se complete, queda por hacer una obra de expiación para quitar el pecado del santuario...

Y así como la purificación típica de lo terrenal se efectuaba quitando los pecados con los cuales había sido contaminado [el santuario terrenal], así también la purificación real de lo celestial debe efectuarse quitando o borrando los pecados registrados en el cielo. Pero antes de que esto pueda cumplirse deben examinarse los registros para determinar quiénes son los que, por su arrepentimiento del pecado y su fe en Cristo, tienen derecho a los beneficios de la expiación cumplida por él" (El Conflicto de los siglos, p. 473-474).

"Los que vivan en la tierra cuando cese la intercesión de Cristo en el santuario celestial deberán estar en pie en la presencia del Dios santo sin mediador. Sus vestiduras deberán estar sin mácula; sus caracteres, purificados de todo pecado por la sangre de la aspersión... mientras que los pecados de los creyentes arrepentidos son quitados del santuario, debe llevarse a cabo una obra especial de purificación, de liberación del pecado, entre el pueblo de Dios en la tierra. Esta obra está presentada con mayor claridad en los mensajes del capítulo 14 del Apocalipsis" (Id., p. 478).

Ese es el corazón del adventismo del séptimo día. Nuestros amigos de las iglesias evangélicas no lo considerarían árido, obsoleto y sin provecho, si nosotros mismos comprendiésemos su significado práctico. Eso es lo que Jones y Waggoner comenzaron a discernir.

Waggoner comprendió cabalmente que no hay manera en que el registro de nuestros pecados pueda ser borrado de los libros del cielo, a menos que primeramente el pecado mismo sea borrado del corazón humano. Eso no significaba "interiorizar" la doctrina; significaba hacerla práctica tal como enfatizaba El conflicto de los siglos. Sin duda alguna, la declaración de E. White antes expresada debió fortalecer sus convicciones. En 1902, Waggoner publicó un artículo en Review and Herald ampliando ese concepto (Hay evidencia documental de que en ese momento todavía estaba enseñando la verdad del santuario de la forma en la que la Iglesia Adventista la había siempre sustentado. Ver nota al final del capítulo).

"Aunque el registro total de nuestro pecado, escrito con el mismo dedo de Dios, fuera borrado, el pecado permanecería, porque está en nosotros. Si el registro de nuestro pecado estuviera grabado sobre piedra, y esta se moliese reduciéndola a polvo, aún así eso no borraría nuestro pecado.

El borramiento del pecado es su borramiento de la naturaleza del ser humano (ver nota al final del capítulo). El borramiento del pecado es su borramiento de nuestras naturalezas [1], de manera que no tengamos más conciencia de él. 'Los limpios' (Heb. 10:2) -limpios por la sangre de Cristo- no tendrán 'más conciencia de pecado', porque se les habrá quitado el camino de pecado. Se buscará su iniquidad y no se hallará. Se les habrá quitado para siempre, será extraña a sus nuevas naturalezas, e incluso aunque sean capaces de recordar que han cometido ciertos pecados, olvidaron el pecado en sí mismo, no pensando nunca más en cometerlo. Esa es la obra de Cristo en el verdadero santuario" (30 de setiembre de 1902).

¿Estaba E. White de acuerdo con ese concepto? En 1890 escribió lo siguiente:

"El perdón tiene un significado más abarcante del que muchos suponen...

El perdón de Dios no es solamente un acto judicial por el cual libra de la condenación. No es sólo el perdón por el pecado. Es también una redención del pecado. Es la efusión del amor redentor que transforma el corazón" (El discurso maestro de Jesucristo, p. 97).

Observemos cuidadosamente como Jones y Waggoner no enseñaron que la purificación del santuario celestial fuese algo exclusivamente limitado a la purificación de los corazones del pueblo de Dios. Reconocieron categóricamente que hay un verdadero tabernáculo en el cielo, tal como creyeron los pioneros adventistas. Las expresiones de su fe estaban en perfecta armonía con lo escrito en El conflicto de los siglos: "Mientras prosigue el juicio investigador en el cielo, mientras que los pecados de los creyentes arrepentidos son quitados del santuario, debe llevarse a cabo una obra especial de purificación, de liberación del pecado, entre el pueblo de Dios en la tierra" (p. 478). En otras palabras, la purificación de los corazones del pueblo de Dios en la tierra es un proceso paralelo y correspondiente a la obra del Sumo Sacerdote en el cielo. Su pueblo coopera en armonía con él. He aquí una clara declaración de Waggoner, publicada en Inglaterra, en 1900:

"Nadie que lea las Escrituras puede dudar que hay un santuario en el cielo, y que Cristo es allí sacerdote... Por lo tanto, se deduce que la purificación del santuario - una obra que la Biblia presenta como precediendo inmediatamente la venida del Señor- es coincidente con la completa purificación del pueblo de Dios en esta tierra, y que los prepara para la traslación al venir el Señor...

La vida [carácter] de Jesús debe ser reproducida perfectamente en sus seguidores, no meramente por un día, sino por todo el tiempo y la eternidad" (The Everlasting Covenant, p. 365-367).

Waggoner escribía para no adventistas, explicando las bases prácticas de esa singular doctrina adventista. No existía diferencia de principio entre el perdón de los pecados en el servicio diario y el borramiento de los pecados en el anual: no más de la que había entre la calidad esencial del agua de la lluvia temprana y la de la tardía. Ambos, el perdón y el borramiento de pecados, lo son por la sangre de Jesús derramada en la cruz del Calvario.

Pero el servicio típico del santuario terrenal enseñaba claramente que era posible para el pecador perdonado el rechazar el perdón y que el pecado volviera a regir en su vida. Y el pecado puede estar silente y arraigado mucho más profundamente de lo que apercibimos, de tal modo que pruebas o tentaciones más intensas terminen en la ruina. El mejor ejemplo: la prueba de la marca de la bestia. Por lo tanto, debe producirse finalmente un sellamiento, del que no haya posible marcha atrás. Eso es equivalente al borramiento de los pecados en preparación para la venida de Jesús.

Como vimos en el capítulo anterior, nadie pretenderá haber recibido ese sello, o borramiento de pecados, ni tampoco será consciente de ello. Cuanto más se acerca el creyente a Cristo, más pecador e indigno se siente. Pero a pesar de ello, el Sumo Sacerdote lleva a término su propósito en aquellos que no le resisten en su obra.

Waggoner continuó explicando la doctrina a los no-adventistas en Inglaterra, en estos términos:

"No tenemos tiempo ni espacio aquí para entrar en detalles, pero baste decir que de la comparación de Daniel 9:24-26 con Esdras 7 se desprende que los días mencionados en la profecía comenzaron en el 457 a.C., de manera que alcanzan hasta 1844 d.C... Pero alguien preguntará: ¿Qué relación tiene 1844 con la sangre de Cristo?, y puesto que su sangre no es más eficaz en un tiempo dado que en otro cualquiera, ¿cómo puede decirse que en un determinado momento el santuario será purificado? ¿Acaso la sangre de Cristo no ha estado continuamente purificando el santuario viviente, la iglesia? La respuesta es que existe una cosa llamada "el tiempo del fin". El pecado debe tener un fin, y un día la obra de purificación será completa... Es un hecho incontrovertible que desde la mitad del último siglo ha brillado nueva luz, y se ha revelado como nunca antes luz en relación con los mandamientos de Dios y la fe de Jesús, y se está proclamando el fuerte pregón del mensaje: '¡He aquí vuestro Dios!'" (Present Truth, 23 de mayo de 1901, p. 324).

En ocasiones la enseñanza de un hombre se refleja más claramente en aquellos que la han comprendido y aceptado, que en sus propias palabras. Observemos la forma en la que W.W. Prescott lo expresó, aproximadamente en la misma época:

"No es lo mismo el perdón de los pecados que el borramiento del pecado. Hay diferencia entre la predicación del evangelio para el perdón de los pecados y la predicación del evangelio para el borramiento del pecado. Siempre, y hoy también, hay abundante provisión para el perdón de los pecados. Pero en nuestra generación se hace provisión para el borramiento del pecado. El borramiento del pecado es lo que preparará el camino para la venida del Señor, y dicho borramiento del pecado es el ministerio de nuestro Sumo Sacerdote en el lugar santísimo del santuario celestial. Eso es determinante para el pueblo de Dios de hoy en su ministerio, en su mensaje y en su experiencia, si reconocen... o... experimentan la significación del cambio... Lo anterior debe ser expuesto distintamente en el mensaje del tercer ángel; y junto a él viene, naturalmente, la más clara revelación del ministerio del evangelio para este tiempo, el borramiento del pecado en esta generación, preparando así el camino al Señor" (General Conference Bulletin, 1903, p. 53 y 54).

Prescott aprendió este singular concepto de Jones, quien lo enseñó en estos términos, en 1893:

"Entonces, cuando nosotros como pueblo, como cuerpo, como iglesia, hayamos recibido la bendición de Abraham, entonces, ¿qué viene?... el derramamiento del Espíritu. Así sucede en el individuo. Cuando el individuo cree en Jesucristo, y obtiene la justicia que es por la fe, entonces recibe el Espíritu Santo, que es la circuncisión del corazón. Y cuando todo el pueblo -como iglesia- recibe la justicia de la fe, la bendición de Abraham, entonces, ¿qué impedirá que la iglesia reciba el Espíritu de Dios? [Congregación: 'Nada'] Ahí es donde estamos... ¿Qué impide el derramamiento del Espíritu Santo? [Congregación: 'La incredulidad']" (General Conference Bulletin, 1893, p. 383).

¿Sostuvo claramente E. White esa comprensión del significado de la purificación del santuario? En el mismo principio de la historia del adventismo del séptimo día hizo ciertas declaraciones que quizá resulten más sorprendentes para nosotros hoy de lo que lo fueron para su generación. Apreciar su profundo significado es para nosotros, todavía hoy, una asignatura pendiente. Está describiendo aquí el cambio del ministerio de Cristo, del primero al segundo departamentos del santuario celestial, en 1844.

"Allí contemplé a Jesús, el gran Sumo Sacerdote, de pie delante del Padre... Los que se levantaron con Jesús elevaban su fe hacia él en el lugar santísimo [esto es, lo seguían por la fe], y rogaban: 'Padre mío, danos tu Espíritu'. Entonces Jesús soplaba sobre ellos el Espíritu Santo. En ese aliento había luz, poder y mucho amor, gozo y paz" (Primeros Escritos, p. 55).

Si es cierto que "ha caído Babilonia la grande", entonces es obvio que la única fuente posible de ese verdadero amor debe ser el ministerio de Cristo en el lugar santísimo. Y aquellos profesos cristianos que han rehusado seguirlo por la fe deben estar en consecuencia destituidos del verdadero Espíritu Santo. Así es como continúa expresándose:

"Me di vuelta para seguir a la compañía que seguía postrada delante del trono [es decir, rogando todavía a Cristo en el primer departamento] y no sabía que Jesús la había dejado. Satanás parecía estar al lado del trono, procurando llevar adelante la obra de Dios. Vi a la compañía alzar las miradas hacia el trono, y orar: 'Padre, danos tu Espíritu'. Satanás soplaba entonces sobre ella una influencia impía; en ella había luz y mucho poder, pero nada de dulce amor, gozo ni paz" (Id, p. 55 y 56).

¿Quieren decir esas palabras lo que realmente dicen? Si es así, tenemos ante nosotros la terrible realidad de lo que el astuto enemigo de toda verdad está perpetrando en los profesos cristianos de nuestra generación, el engaño más sagaz y terrible de sus miles de años de experiencia. Y la única salvaguarda posible para no caer en la seducción, es una comprensión correcta de la purificación del santuario y del ministerio de Cristo.

También en Primeros Escritos, la sierva del Señor desenmascara la naturaleza e implicaciones de la enseñanza popular -pero falsa- sobre la justificación por la fe, derivada de no comprender el verdadero ministerio de Cristo en el lugar santísimo:

"Vi que así como los judíos crucificaron a Jesús, las iglesias nominales han crucificado estos mensajes y por lo tanto no tienen conocimiento del camino que lleva al santísimo, ni pueden ser beneficiados por la intercesión que Jesús realiza allí. Como los judíos, que ofrecieron sus sacrificios inútiles, ofrecen ellos sus oraciones inútiles al departamento que Jesús abandonó; y Satanás, a quien agrada el engaño, asume un carácter religioso y atrae hacia sí la atención de esos cristianos profesos, obrando con su poder, sus señales y prodigios mentirosos, para sujetarlos en su lazo... También viene como ángel de luz y difunde su influencia sobre la tierra por medio de falsas reformas. Las iglesias se alegran, y consideran que Dios está obrando en su favor de una manera maravillosa, cuando se trata de los efectos de otro espíritu...

Vi que Dios tiene hijos sinceros entre los adventistas nominales [creyentes en la segunda venida de Cristo, que no comprendían la verdad del santuario] y las iglesias caídas, y antes que sean derramadas las plagas, los ministros y la gente serán invitados a salir de esas iglesias y recibirán gustosamente la verdad. Satanás lo sabe; y antes que se de el fuerte pregón del tercer ángel, despierta excitación en aquellas organizaciones religiosas, a fin de que los que rechazaron la verdad piensen que Dios los acompaña. Satanás espera engañar a los sinceros e inducirlos a creer que Dios sigue obrando en favor de las iglesias. Pero la luz resplandecerá, y todos los que tengan corazón sincero dejarán a las iglesias caídas, y se decidirán por el residuo" (p. 260 y 261).

¿A qué se refiere la expresión "de otro espíritu"? Sin duda alguna se trata de una falsificación sabiamente diseñada para parecer que es la genuina, y si es posible engañar hasta a los sinceros. ¡La marca de la bestia no será un engaño burdo y evidente! Incluirá una sutil falsificación de la justificación por la fe.

La preparación para la venida de Cristo incluye aprender a conocerle tan íntimamente, que el engaño no sea posible. Esto nos sugiere la intimidad matrimonial, y el amor que hace posible una relación tal. Lo que sigue son pensamientos expresados por Jones entre 1890 y 1900. Si bien publicados por primera vez como artículos de Review and Herald en los últimos años de la década, representan convicciones que sostuvo desde mucho tiempo antes. Fueron consustanciales al mensaje de 1888:

"Cuando Jesús venga, es para llevar a su pueblo consigo. Es para presentarse a sí mismo su iglesia gloriosa, no teniendo 'mancha, ni arruga, ni cosa semejante, sino... santa y sin mancha' [Efe. 5:27]. Es para verse a sí mismo perfectamente reflejado en todos sus santos.

Y antes que él venga, su pueblo debe estar en esa condición. Antes que él venga debemos haber sido llevados a ese estado de perfección a completa imagen de Jesús. Efe. 4:7, 8 y 11-13. Y ese estado de perfección, ese desarrollo en todo creyente de la completa imagen de Jesús, eso es la consumación del misterio de Dios, que es Cristo en vosotros, la esperanza de gloria [Col. 1:27]. Esa consumación tiene lugar en la purificación del santuario...

Y esa purificación del santuario es exactamente el borramiento de pecados; es 'acabar la prevaricación' en nuestras vidas [literalmente, poner fin a toda transgresión. Ver Dan. 9:24]; es 'concluir el pecado' en nuestro carácter; es 'traer la justicia de los siglos', la justicia misma de Dios que es por la fe en Jesucristo...

Por lo tanto ahora, como nunca antes, debemos arrepentirnos y ser convertidos, para que nuestros pecados puedan ser borrados, para que se les pueda poner punto final para siempre en nuestras vidas" (The Consecrated Way, p. 123-125).

Veamos esos conceptos en las predicaciones de Jones, en la sesión de 1893, predicaciones que E. White dijo que se debían volver a publicar (Carta 230, 1908):

"'Aquellos que resistan todas las pruebas han oído el testimonio del Testigo fiel y verdadero, y recibirán la lluvia tardía a fin de poder ser trasladados' [se estaba refiriendo aquí a la cita de Joyas de los Testimonios, vol. I, p. 66]. Hermanos, ¿no encontráis gran ánimo en el pensamiento de que sea para eso; que la lluvia tardía nos va a preparar para la traslación?... Y cuando viene y nos habla a ti y a mí, es porque quiere trasladarnos, pero no puede trasladar el pecado, ¿comprendéis?

Luego el único propósito que tiene al mostrarnos la profundidad y la amplitud del pecado, es para poder salvarnos de él y trasladarnos" (General Conference Bulletin, 1893, p. 205).

"Últimamente me he preguntado si será intencionadamente que las palabras están expresadas de este modo: que el misterio de Dios debe ser consumado [es así como traduce Apocalipsis 10:7 la versión King James], en lugar de simplemente será consumado. Digo esto porque debió ser ya consumado hace tiempo... ¿En qué consiste? -'Cristo en vosotros, la esperanza de gloria'" (Id., p. 150).

"Si estáis de alguna forma conectados a este mundo en espíritu, en mente, en pensamiento, en gustos, en inclinaciones... aun por el espesor de un cabello, una conexión con el mundo tan insignificante como esa os robará la eficacia que debe asistir a ese llamado que debe advertir al mundo contra ese poder maligno [la bestia y su imagen] mundano, de manera que puedan ser totalmente separados de él" (Id., p. 123).

"Hermanos, él es una gloriosa salvación para quienes están libres de iniquidad. Permitámosle que nos limpie de iniquidad ahora, a fin de que cuando su gloria aparezca no seamos consumidos, sino cambiados en su misma gloriosa semejanza. Eso es lo que él desea para nosotros" (Id., p. 115).

"Hermanos, estamos viviendo en el tiempo más glorioso que este mundo jamás haya visto. ¡Oh, consagrémonos a Dios como conviene a quienes vivimos en el más sublime de los momentos!... Os digo, hermanos, el poder de Dios va a actuar en seguida. ¡Oh, que podamos rendir todo a él para que él pueda obrar!" (Id., p. 111 y 112).

"Es una situación solemne. Nos lleva al punto de una consagración tal como la que jamás imaginamos anteriormente; a una consagración tal, y a una devoción que nos permita sostenernos en la presencia de Dios, con el pensamiento solemne de que 'tiempo es de hacer, oh Jehová, disipado han tu ley' [Sal. 119:126]...

Hermanos, tenemos también esa estremecedora amonestación que conmueve todo pensamiento, que nos ha llegado de Australia... 'Se va a producir algo grande y decisivo, y rápidamente. Si hay el más mínimo retraso, el carácter de Dios y su trono se verán comprometidos'. Hermanos, por nuestra desidia y actitud indiferente estamos trayendo oprobio al trono de Dios" (Id., p. 73).

Esa profunda motivación por el honor de Cristo era parte del precioso mensaje. Cuanto más cerca de la cruz de Cristo, menos le preocupa a uno su propia seguridad. En lugar de eso, habrá un vivo interés por la triunfante culminación del gran conflicto entre Cristo y Satanás. Waggoner compartía la misma idea:

"'Para que seas justificado en tus dichos, y venzas cuando de ti se juzgare' [Rom. 3:4]. Satanás acusa actualmente a Dios de injusticia e indiferencia, e incluso de crueldad. Miles de personas se han hecho eco de la acusación. Pero el juicio declarará la justicia de Dios. Tanto su carácter como el del hombre son puestos a prueba. En el juicio, todo acto, tanto de Dios como del hombre, arrancando desde la misma creación, será visto por todos claramente en su verdadero significado. Y cuando todo sea visto en esa perfecta luz, Dios será absuelto de todo mal proceder, incluso por sus mismos enemigos" (Signs of the Times, 9 de enero de 1896).

Ese es el mensaje del primer ángel. El honor de Dios está verdaderamente en juego en el carácter de su pueblo. Y ninguna motivación que no sea la preocupación por su honor y la integridad de su trono puede hacer que su pueblo venza el egoísmo y el pecado. La fe del Nuevo Testamento no reconoce otra motivación que la expresada por el poderoso primer ángel.

La segunda venida de Cristo es la validación última del mensaje adventista del séptimo día. El nombre que llevamos expresa nuestra confianza en él. Si Cristo nunca fuera a regresar, no habría habido razón alguna de nuestra existencia como pueblo. Incluso dando por cierto su retorno, pero retrasándolo por décadas o hasta siglos, tampoco tendríamos razón de existir, ya que hemos manifestado repetidamente que su venida está cerca, porque él lo ha dicho. No es nuestro honor, sino el suyo el que está en juego. ¿Será quizá que nos hallamos ante un Salvador poco digno de confianza?

¿Puede su pueblo acercar o retrasar su venida? Está muy extendida la idea de que la voluntad soberana de Dios ha predeterminado exactamente la fecha de su venida de forma irrevocable, de la forma en que se programa la alarma de un reloj. Al llegar el tiempo señalado, se descorre la cortina de la historia y el Señor viene. Todo cuanto tenemos que desempeñar es el papel de esperar y estar atentos, manteniendo un ojo abierto a las señales de los tiempos, mientras sacamos lo mejor posible de ambos mundos. Esa visión tan común de la segunda venida de Cristo es estrictamente egocéntrica y no puede llevar a otra cosa que no sea a la tibieza sin final. Cristo dice que su venida está a las puertas. ¿Podemos creer su palabra?

El mensaje introdujo una nueva y distinta noción refrescante. Era un reavivamiento de ese amor profundo por Cristo sentido en el corazón, que motivó a los protagonistas del clamor de media noche de 1844. Los estudiantes de South Lancaster participaron de ese espíritu en las reuniones que siguieron a la Asamblea de 1888. "La mayoría de los estudiantes fueron llevados por la corriente celestial, y se dieron testimonios vivientes que no fueron superados ni siquiera por los que tuvieron lugar en 1844, antes del chasco" (Review and Herald, 4 de marzo de 1890). Deseamos, con un espíritu tal, que el Señor venga pronto. E. White dice:

"'Cuando el fruto fuere producido, luego se mete la hoz, porque la siega es llegada.' Cristo espera con un deseo anhelante la manifestación de sí mismo en su iglesia. Cuando el carácter de Cristo sea perfectamente reproducido en su pueblo, entonces vendrá él para reclamarlos como suyos. Todo cristiano tiene la oportunidad no sólo de esperar, sino de apresurar la venida de nuestro Señor Jesucristo" (Palabras de vida del gran Maestro, p. 47).

NOTA: Hay ciertos factores dignos de consideración a propósito de la relación de Waggoner con la doctrina histórica adventista del santuario y su purificación:

Frecuentemente se ha presentado la acusación de que Waggoner se equivocó al relacionar la purificación del santuario celestial con la purificación de los corazones del pueblo de Dios en la tierra, interiorizando así una verdad objetiva. No es cierto que Waggoner (o Jones) limitaran la purificación del santuario a la obra de Dios en los corazones del pueblo de Dios. Waggoner se refirió a la purificación objetiva del santuario celestial como "coincidente con" la obra de limpieza del corazón (ver The Everlasting Covenant, p. 366 y 367). Esa no pudo ser una postura equivocada, ya que E. White también relacionó definidamente la purificación del santuario celestial con la de los corazones de su pueblo, como se ha documentado en diferentes citas del presente capítulo. El concepto de interiorizar, prestado de la noción católico-romana de lo místico, no tiene nada que ver con la enseñanza bíblica de "el misterio de Dios será consumado" (Apoc. 10:7), que es "Cristo en vosotros, la esperanza de gloria" (Col. 1:27). Interiorizar una doctrina tal, requeriría degradarla hacia una preocupación meramente egocéntrica, que es lo opuesto a los criterios defendidos por Jones y Waggoner.

La última carta de Waggoner, fechada el 28 de mayo de 1916, se cita frecuentemente con el fin de desprestigiar sus enseñanzas en relación con la purificación del santuario. En 1916 dijo que virtualmente había abandonado la posición adventista ortodoxa sobre el santuario veinticinco años antes, lo que nos llevaría a 1891. Pero quien pretende probar demasiado, acaba por no probar nada. Se debe considerar lo siguiente:

No hay una sola frase en los escritos de Waggoner, entre 1891 y 1902, que indique que hubiese abandonado o despreciado la doctrina del santuario.

Entre 1891 y 1896 encontramos numerosas declaraciones de apoyo de la pluma de E. White, en relación con el mensaje de Waggoner. No hay la más leve insinuación de que se estuviera apartando de la fe en esta doctrina vital. Conociendo su cuidado ferviente, resulta impensable que alguien que ejerció el don profético fuera incapaz de discernir un alejamiento tan radical del mensaje.

Dar valor notarial a esa declaración de 1916, que probablemente nunca tuvo la ocasión de revisar (un ataque al corazón, que acabó en su fallecimiento, le impidió enviar la carta al pastor M.C. Wilcox), nos conduce a problemas graves. Lo anterior requeriría que considerásemos a Waggoner como un hipócrita y deshonesto, desde 1891 hasta 1902, ya que la evidencia documental prueba que enseñó la doctrina del santuario pública y manifiestamente durante ese período (ver, por ejemplo, la edición inglesa de Present Truth, del 23 de mayo de 1901). ¿No sería eso ir demasiado lejos, en vista de las declaraciones de apoyo de E. White y del impacto global de la obra de su vida en los días de su juventud?

La lógica obliga a la conclusión de que Waggoner estaba equivocado en su carta de 1916, más bien que ser un hipócrita consumado durante los años en que E. White lo apoyó de forma tan entusiasta. En 1916 era un hombre presa de la amargura, derrotado y confundido. Los años de soledad y oposición que tuvo que soportar de parte de sus hermanos acabaron por pasarle factura. Debido a que su mensaje fue rechazado "en gran medida" por sus hermanos (Mensajes Selectos, vol. I, p. 276), Waggoner nunca pudo ir más allá de ese principio de la lluvia tardía y fuerte clamor. No logró jamás satisfacer la sed de su alma con una mejor comprensión del significado de la doctrina adventista de la purificación del santuario.

Lo que debió decir probablemente en 1916, es que en una fecha tan temprana como 1891 comenzó a sentirse tentado a dudar de la doctrina. Pero es injusto decir que cedió a esa tentación, siendo que enseñó públicamente la doctrina. Su forma de ser, franca y abierta, evoca todo lo opuesto a una conducta deshonesta.

Nota:

1. En otras declaraciones hechas el 1901, deja claro que no se está refiriendo a erradicar la naturaleza pecaminosa. En la Asamblea de la Asociación de 1901

manifestó lo siguiente: "Ahora, no vayamos a sacar la conclusión errónea. Nadie piense que vosotros o yo llegaremos a ser alguna vez tan buenos como para poder vivir independientemente del Señor; que nadie espere que este cuerpo se convierta. Si alguien lo hace, se encontrará en gran dificultad y en abierto pecado. No creáis que podéis cambiar la corrupción en incorrupción. Esto corruptible será hecho incorruptible en la venida del Señor, no antes. Hasta que el Señor venga, esto mortal no será revestido de inmortalidad. Cuando el hombre concibe la idea de que su carne es impecable, y de que todos sus impulsos son de Dios, está en realidad confundiendo su carne pecaminosa con el Espíritu de Dios" (Bulletin, p. 146).

Guía abreviada del mensaje Importancia de su comprensión

Hay una inquietud creciente que asalta a muchos: "¿Es tan importante el mensaje de 1888 como para que le dedique mi tiempo?"

Sí, lo es. Es aquello por lo que está clamando el hambriento corazón de todo el que espera la segunda venida en el mundo entero. ¿Cuál es la razón por la que impacta como un rayo?: El mensaje fue "el principio" de una explosión rebosante del Espíritu sin precedentes desde los días de Pentecostés. Fue el inicio de "los aguaceros de la lluvia tardía provenientes del cielo". Era el refrigerio de las buenas nuevas que ansiaban por doquier los corazones enfermos de sequía.

"La tierra" iba a ser "alumbrada de su gloria". Efectivamente, una luz debe alumbrar el Islam, el hinduismo, el catolicismo, el protestantismo y el paganismo. "Otra voz del cielo" debe abrirse paso hasta cada alma humana: "Salid de ella [Babilonia], pueblo mío", dando cumplimiento a la tan esperada profecía de Apocalipsis 18. Nuestro emblema debería incluir un "poderoso" cuarto ángel, junto a los tres habituales en las fachadas de iglesias y escuelas.

¿Es tan importante el mensaje? Desde que los apóstoles del primer siglo revolucionaron "todo el mundo" (Hech. 17:6), ningún mensaje ha cumplido una obra tal, si bien el "clamor de media noche" de 1844 le estuvo cerca. El Señor tenía la determinación de preparar un pueblo allí mismo, para enfrentar los últimos acontecimientos de la historia. La orden del día no era "prepararse para la muerte", sino "prepararse para la traslación".

Lo menos que cabe decir es que resulta inquietante.

Pero el mensaje del Señor no consistía en una aterradora exigencia: "¡Haced lo imposible!". No era un viaje hacia el "hágalo usted mismo" bajo la opresión del temor, sino que era una experiencia de fe. Como el rocío al descender sobre los campos sedientos, el mensaje fue una refrescante lluvia de gracia que "sobreabundó" mucho más que todo el abundante pecado que el diablo pueda inventar. Cautivaba el corazón. Comenzó a propagarse el resplandor de una gozosa esperanza, al apreciar el carácter de Dios de una forma distinta. E. White lo describió como si al doblar una esquina se encontrase uno cara a cara con Jesús sonriéndole, no frunciendo el ceño, "un Salvador cercano, a la mano; no alejado" que nos cogiese por la mano y dijese: "¡Venga! ¡Vamos al cielo!" Las buenas nuevas de la Biblia encendieron una luz maravillosa en los corazones desanimados. ¡Fue sorprendente! Los adolescentes eran ganados al evangelio. Dios no estaba procurando impedirle a uno la entrada al cielo, sino preparándolo para ir allí. Cada oscura página de la Biblia comenzó a iluminarse con la luz de las buenas nuevas.

¿No debiéramos haber recibido un mensaje tal con alegría desbordante? Ciertamente, y las nuevas de los pastores sobre el nacimiento del Mesías en Belén deberían haber hecho venir a los sacerdotes en masa desde Jerusalem, para darle la bienvenida. Pero "nos" sucedió algo extraño, lo mismo que a ellos. Excepción hecha de una pequeña minoría de oyentes, el mensaje tuvo la misma acogida por "nuestra" parte hace cien años, que la que tuvo Jesús por parte de los judíos hace dos milenios. Una pluma inspirada escribió que de haberse hallado Cristo físicamente allí, lo "habríamos" tratado tal como hicieron los judíos.

¿En qué consistió el mensaje propiamente dicho?

¿Fue meramente la enseñanza habitual Evangélica que hemos oído durante toda la vida? "Jesús me ama, lo sé. Debemos procurar ser buenos. Pecamos, y Jesús nos perdona, ¿por qué re-inventar la rueda?" Algunos de nuestros propios teólogos han pensado sinceramente que el mensaje de 1888 no era sino un renovado énfasis en las enseñanzas de la Reforma del siglo XVI, o de las de los grupos evangélicos de nuestros días.

Pero tras la superficie se esconde algo bien diferente. E. White comprendió que el mensaje de 1888 fue mucho más allá que la comprensión de las iglesias populares guardadoras del domingo. Era "el mensaje del tercer ángel en verdad", "nueva luz", "un mensaje que es verdad actual para este tiempo", "luz del cielo", "la luz que debe alumbrar la tierra con su gloria". No era solamente que Jesús perdona el pecado; además, él nos salva del poder y esclavitud del pecado, ahora mismo. Hay esperanza hasta para los esclavos de las adicciones. Era el mensaje del más profundo evangelio que el mundo moderno haya oído, ya que se basó en la verdad de la purificación del santuario. He aquí algunas de las ideas prominentes que el mensaje de 1888 recupera:

1. Un enfoque refrescante de la justificación por la fe.

La idea predominante hace cien años (y también ahora) era que la justificación por la fe es solamente perdón por los pecados pasados, una maniobra legal por parte de Dios que lo libra a uno de la culpa, pero que deja al pecador que cree en situación neutral. No hay progreso real en cuanto a vencer el pecado, hasta la santificación. Pero el mensaje de 1888 vio mucho más. Lo que llenó de gozo el corazón de E. White cuando ésta oyó el mensaje, es que la justificación hace al creyente obediente a todos los mandamientos de Dios [Testimonios para los ministros, p. 91 y 92]. Obra lo que muchos creen que es exclusivo de la santificación. ¡No hace falta esperar a la santificación para saber lo que es guardar esos mandamientos! En la genuina justificación por la fe, el corazón es reconciliado con Dios; no se trata meramente de un acto judicial que declara la absolución de los pecados pasados. Esa mejor comprensión significa que uno disfruta ya de la victoria sobre el pecado, ya que es imposible que el corazón sea reconciliado con Dios sin serlo al mismo tiempo con su santa ley. Esa poderosa verdad de piedad práctica descansa sobre el firme fundamento de otra verdad no menos refrescante:

2. Una nueva perspectiva de la cruz de Cristo.

Comenzó en 1882, en una experiencia en la que el joven E.J. Waggoner tuvo una vislumbre de la cruz, como centro y sustancia del mensaje del tercer ángel [Ver prefacio de The Everlasting Covenant, E.J. Waggoner]. Cuando Cristo dio su sangre por los pecados del mundo, redimió a la raza humana perdida. Nadie está exento de una implicación íntima, ya que de otro modo no habría sido cierto "que por gracia de Dios gustase la muerte por todos" (Heb. 2:9). En otras palabras, Cristo murió la segunda muerte de toda persona, su castigo final por el pecado.

Y realizó todo ello antes de que tuviéramos la mínima oportunidad de decir sí o no. Jesús se implicó a sí mismo con el alma de todo hombre, hasta el nivel más profundo del ser de éste, hasta esa fuente oculta de su miedo íntimo y personal a la muerte eterna. El sacrificio de Cristo lo libra de ese temor, que lo tenía esclavizado "por toda la vida" (vers. 14 y 15). El pecador puede resistirlo y rechazarlo para su propia perdición, ya que Cristo no fuerza a nadie a ser salvo.

Dice Isaías: "Jehová cargó en él el pecado de todos nosotros". Pablo declara que "es Salvador de todos los hombres, mayormente de los que creen". Y Juan añade que "él es la propiciación por nuestros pecados: y no solamente por los nuestros, sino también por los de todo el mundo" (Isa. 53:6; 1 Tim. 4:10; 1 Juan 2:2).

¿Acaso Cristo no hace nada por nosotros hasta que iniciamos el proceso y lo elegimos como nuestro Salvador personal? ¿Es solamente un Salvador posible, con un gran "si"... condicional? ¿Es que el pecador debe hacer primeramente algo, como creer, u obedecer los mandamientos, a fin de convertir a Cristo en su Salvador? ¿Funcionamos acaso como co-salvadores, ayudando a salvarnos a nosotros mismos? El mensaje de 1888 dice: No, el sacrificio de Cristo es más que simplemente provisional. Es efectivo en tanto en cuanto compró nuestra vida actual y todo cuanto poseemos y somos; más aun, compró la salvación eterna en favor nuestro y nos la dio en el don de sí mismo [El Deseado de todas las gentes, p. 615], si bien podemos rechazarla a pesar de lo que Cristo cumplió ya.

La parálisis espiritual de la tibieza se origina en lo más hondo de nosotros, en la consideración de Cristo como un banco que no hace nada hasta que ingresamos previamente un depósito. Lo convertimos en alguien impersonal, distante. A nosotros toca dar el primer paso. De esa forma hacemos depender nuestra salvación de nuestra propia iniciativa. Sin embargo, la realidad es que Cristo hizo ya el depósito de vida eterna con todas sus bendiciones, ingresándolos inmerecidamente en nuestra cuenta bancaria. Son ya nuestros "en él". Ahora, hagamos efectivo el cheque y reconozcamos la bendición, por fe. Una fe tal "obra por el amor" y produce en sí misma obediencia interna y externa a aquel que lo dio todo por nosotros. Todo lo anterior está incluido en la experiencia de la justificación por la fe.

La consecuencia es que la única razón por la que alguien puede finalmente perderse, es por haber resistido y rechazado lo que Cristo realizó ya en su favor. Por la incredulidad puede malograr deliberadamente el don que Dios puso en sus manos. Esa incredulidad es el pecado de los pecados, y es el pecado universal del mundo. En otras palabras: todo el que se salve finalmente, lo será debido a la iniciativa de Dios; si se pierde, se deberá a su propia iniciativa. ¡Se trata de dejar de resistir su gracia! (The Glad Tidings, p. 42; El Camino a Cristo, p. 27).

¿Por qué es tan importante comprender eso? Porque el temor como motivación, carece del poder necesario para preparar un pueblo para el regreso de Cristo. Puede despertar temporalmente a algunos, pero nada más. Hay una motivación superior que E. White describió:

"Se nos señala la brevedad del tiempo para estimularnos a buscar la justicia y convertir a Cristo en nuestro amigo. Pero éste no es el gran motivo. Tiene sabor a egoísmo. ¿Es necesario que se nos señalen los terrores del día de Dios para compelirnos por el miedo a obrar correctamente? Esto no debería ser así. Jesús es atractivo. Está lleno de amor, misericordia y compasión" (A fin de conocerle, p. 323).

"No es el temor al castigo, o la esperanza de la recompensa eterna, lo que induce a los discípulos de Cristo a seguirle. Contemplan el amor incomparable del Salvador, revelado en su peregrinación en la tierra, desde el pesebre de Belén hasta la cruz del Calvario, y la visión del Salvador atrae, enternece y subyuga el alma" (El Deseado de todas las gentes, p. 446).

3. Más buenas nuevas.

El sacrificio de Cristo revirtió para todos los hombres la "condenación" que pesaba sobre todos nosotros "en Adán". Literalmente, salvó al mundo de un suicidio prematuro que el pecado nos habría deparado. La cruz del Calvario está estampada en cada pan. "Nadie, santo o pecador, come su alimento diario sin ser nutrido por el cuerpo y la sangre de Cristo" (El Deseado de todas las gentes, p. 615). Cuando esta gran verdad se clarifica, aparece por doquier en la Biblia:

Porque el pan de Dios es aquel que descendió del cielo y da vida al mundo... y el pan que yo daré es mi carne, la cual yo daré por la vida del mundo (Juan 6:33 y 51).

Pero el delito de Adán no puede compararse con el don que hemos recibido de Dios... El pecado de un solo hombre no puede compararse con el don de Dios, pues por aquel solo pecado vino la condenación, pero por el don de Dios los hombres son declarados libres de sus muchos pecados... Y así como el delito de Adán puso bajo condenación a todos los hombres, el acto justo de Jesucristo ha traído a todos los hombres una vida libre de condenación (Rom. 5:15-18. V. Dios habla hoy).

¡Una poderosa motivación!

El resultado práctico de creer esas buenas nuevas es que al experimentar la justificación por la fe, se produce ya en nosotros un cambio de corazón. Estábamos alejados de Dios, en enemistad con él; ahora lo vemos como a un Amigo. Dicho de otra forma, "hemos ahora recibido la reconciliación" (Rom. 5:7-11), o "hemos llegado a tener paz con Dios" (Id., V. Dios habla hoy), somos reconciliados con él, recibimos la expiación. ¡Hemos sido redimidos de la muerte eterna! Es como si alguien, estando en un pelotón de fusilamiento, fuese liberado en el último instante. Como dice Pablo, "presentaos a Dios como vivos de los muertos". El fatigado corazón se ve libre de la carga, cuando fluye esa "paz con Dios". De ahora en adelante, no nos parecerá difícil ningún sacrificio hecho para Aquel que sabemos que nos salvó ya de la destrucción misma.

Un amor tal nos constriñe a vivir para él, haciendo fácil ser salvo, y difícil perderse. Esa noción rebosante de buenas nuevas, constituye parte esencial del mensaje de 1888 de la justicia de Cristo (Mat. 11:28-30; Hech. 26:14; Lessons on Faith, 11, 82-85, 132 y 133).

¿Parece demasiado bueno para ser cierto? E. White amaba profundamente esas buenas nuevas. Su ilustración predilecta era la proclamación de emancipación de los esclavos en la que, bajo el mandato de Abraham Lincoln –el 1º de enero de 1863–, se declaró legalmente libres a todos los esclavos de los territorios confederados. Sin embargo, ninguno de ellos experimentó la libertad hasta que oyó las buenas nuevas, las creyó y obró en consecuencia. E. White comprendió que ese mensaje del evangelio significaría el fin de la omnipresente tibieza. El gozo que le produjo, le impedía conciliar el sueño en la noche. (El ministerio de curación, p. 59; The EGW 1888 Materials, p. 217 y 349).

4. Una bendición adicional.

Observándola ahora con más detenimiento, la justificación por la fe resulta ser mucho más que una declaración legal de absolución. Siendo que hace obediente a todos los mandamientos de Dios al pecador que cree, la bendición incluye el cuarto mandamiento (el sábado) (Christ and His Righteousness, 51-67; Jones, Review and Herald, 10 noviembre 1896 y 17 enero 1899). El sello de Dios es el secreto para vencer las innumerables adicciones de las que la raza humana pecadora está plagada. Para todo aquel que cree realmente el evangelio, resulta imposible continuar viviendo en pecado, que es transgresión de la ley de Dios [Waggoner, Signs of the Times, 1 mayo 1893]. Muchos sinceros guardadores del domingo empezarán gozosos a guardar el sábado del séptimo día cuando lo vean en su relación con la justificación por la fe y la purificación del santuario que comenzó en 1844. Se nos señaló que la verdad del sábado deja de traer convicción a los corazones, a menos que se la presente relacionada con la purificación del santuario (ver serie de artículos de E. White en Review and Herald, desde enero a abril de 1890; Testimonies Vol. I, p. 337).

5. Pero existe un problema.

Todo lo anterior deja todavía una percha donde colgar las dudas, hasta que podamos comprender qué es la fe realmente. ¿Es un deseo egoísta de recompensa celestial, combinado con el afán por escapar del infierno? Todos admitimos que el deseo de poseer una magnífica mansión en esta tierra implica una motivación egocéntrica. Pero cuando uno se hace cristiano, ¿acaso transfiere simplemente su deseo de vivir en la opulencia y el bienestar a la expectativa de ocupar una posición todavía mejor, en el cielo? De ser así, la motivación sigue estando basada en el propio interés. El interés propio no es capaz de suscitar más que una devoción mesurada, cuya mejor expresión cabe definir en una sola palabra: tibieza (Lessons on Faith, p. 9-33; The Consecrated Way, p. 87).

El mensaje de 1888 trajo a la luz una nueva y superior motivación: el vivo deseo de honrar y vindicar a Cristo, como ilustra el sentimiento de una novia hacia su prometido. Va más allá de sus propios deseos egoístas. La fe viene a ser una apreciación profunda y sincera del gran amor revelado en la cruz, independiente de nuestro anhelo de recompensa o temor al infierno. Trasciende a toda motivación centrada en el yo.

Una tal "fe... obra por el amor". No hay límite para las buenas obras, durante toda una vida y por la eternidad.

6. Nuevas aún mejores.

Todos nosotros estamos espiritualmente enfermos, y necesitados de un médico para nuestra alma. Jesús tuvo que someterse a una disciplina especial, a fin de cualificarse para ser nuestro gran sumo sacerdote -o psiquiatra divino-:

Así que, por cuanto los hijos participaron de carne y sangre, él también participó de lo mismo, para destruir por la muerte [la segunda] al que tenía el imperio de la muerte, es a saber, al diablo, y librar a los que por el temor de la muerte estaban por toda la vida sujetos a servidumbre... por lo cual, debía ser en todo semejante a los hermanos, para venir a ser misericordioso y fiel Pontífice en lo que es para con Dios, para expiar los pecados del pueblo. Porque en cuanto él mismo padeció siendo tentado, es poderoso para socorrer a los que son tentados... Porque no tenemos un Pontífice que no se pueda compadecer de nuestras flaquezas; mas tentado en todo según nuestra semejanza, pero sin pecado (Heb. 2:14-18; 4:15).

El término traducido "destruir", significa "paralizar". Cierto, Satanás no está muerto todavía, pero cuando creemos esas buenas nuevas, queda paralizado.

7. Cristo como sumo sacerdote vino tan cerca de nosotros al tomar nuestra naturaleza humana, que conoce plenamente la fuerza de todas nuestras tentaciones.

Resistió "hasta la sangre, combatiendo contra el pecado". Sea cual fuere nuestra tentación, no importa lo bajo que hayamos caído en el pecado, por más terrible que parezca nuestra desesperación, por mucho que nos haya embargado el sentimiento de culpa, "puede también salvar eternamente a los que por medio de él se acercan a Dios, ya que está siempre vivo para interceder por ellos". Está ocupado en el lugar santísimo del santuario celestial 24 horas al día, y no se duerme jamás (Heb. 12:4; 7:25).

Es como si uno fuese el único paciente de ese médico, recibiendo atención plena durante todo el tiempo. ¡Imaginemos ser el único paciente de un hospital, contando con todo el equipo de médicos y enfermeras a nuestra entera disposición! Eso es lo que nos sucede en la unidad de cuidados intensivos de Cristo. Creamos lo maravillosas que son las buenas nuevas, y nuestra vida cambiará desde lo más profundo.

Este capítulo es solamente un breve resumen de las refrescantes buenas nuevas de ese "preciosísimo mensaje". Los capítulos del libro las exponen con mayor detenimiento.

Otros libros del Autor y del Mensaje de 1888 disponibles:

1. Descubriendo la Cruz, Autor: Robert J. Wieland.
2. Introducción al Mensaje de 1888, Autor: Robert J. Wieland.
3. 1888 Reexaminado, Autores: Robert J. Wieland y Donald K. Short.
4. He aquí, Yo estoy a la Puerta y llamo, Autor: Robert J. Wieland.
5. Diez Grandes Verdades del Evangelio, Autor: Robert J. Wieland.
6. Nuestro Glorioso Futuro, Autor: Robert J. Wieland.
7. Reavivamientos Modernos, Autor: Robert J. Wieland.
8. La Palabra se Hizo Carne, Autor: Ralph Larson.
9. Cristologia en los Escritos de Elena G. de White, Autor: Ralph Larson.
10. El Evangelio en Gálatas, Autor: E. J. Waggoner.
11. Carta a los Romanos, Autor: E. J. Waggoner.
12. El Pacto Eterno, Autor: E. J. Waggoner.
13. Cristo y su Justicia, Autor: E. J. Waggoner.
14. 1888 Materiales; Volúmenes 1-4 en español, Autor: Elena G. de White.
15. El Camino Consagrado a la Perfección Cristiana, Autor: A. T. Jones.
16. El Mensaje del Tercer Ángel; 3 Volúmenes, Autor: A. T. Jones.
17. Lecciones sobre la Fe, Autores: A. T. Jones y E. J. Waggoner.

*Si desea adquirirlos al por mayor (40% descuento), son por cajas de 50 libros (puede ser mixto) y nos puede contactar a este correo:

lsdistribution07@gmail.com

www.ingramcontent.com/pod-product-compliance
Lightning Source LLC
Chambersburg PA
CBHW080859010526
44118CB00015B/2202